FRANCESCO ZISA

AFFRONTARE LA SEPARAZIONE

Come Districarsi tra Questioni Legali e Affidamento dei Figli nell'Affrontare Separazione e Divorzio

Titolo

"AFFRONTARE LA SEPARAZIONE"

Autore

Francesco Zisa

Editore

Bruno Editore

Sito internet

http://www.brunoeditore.it

Sommario

Introduzione

L'idea di questo ebook nasce dalla mia esperienza professionale nell'ambito del diritto di famiglia. Nella maggior parte dei casi, chi finisce nelle aule giudiziarie per la separazione dopo una grave crisi matrimoniale, è quasi sempre impreparato, con idee confuse sui diritti e doveri dei separati, sui possibili trabocchetti e sulle insidie disseminate lungo il difficile cammino che trasforma spesso la procedura, da agognata libertà a vero incubo.

Talvolta il pudore, l'imbarazzo, la rabbia, il desiderio di vendetta inducono i coniugi a tacere al loro difensore particolari ritenuti irrilevanti, ma in realtà decisivi per ottenere la giusta sentenza. Molto importante è la scelta del Legale, che va fatta principalmente tenendo in considerazione la professionalità, le competenze e la capacità di gestire il conflitto con imparzialità e oggettività, per evitare di dar vita a delle vere e proprie guerre, ovvero di sottoscrivere un accordo dannoso solo per l'inefficienza e la negligenza del proprio difensore.

Lo scopo di questo ebook è quello di fornire al lettore, in forma semplice, le nozioni essenziali delle leggi che regolano la materia e di dare soprattutto tutti i suggerimenti necessari per non soccombere e diventare la vittima immolata sull'altare dell'ingiustizia.

Spero di riuscire a rendere comprensibile la materia anche ai non addetti ai lavori.

CAPITOLO 1:
Come acquisire le nozioni essenziali del diritto di famiglia.

Con la riforma del 1975, il Legislatore ha modificato il regime patrimoniale dei coniugi: con il matrimonio automaticamente è prevista la comunione dei beni a differenza del Codice Civile del 1942.

Secondo l'articolo 159 Cod. Civ. riformato dalla L. 151/75: «Il regime patrimoniale legale della famiglia, in mancanza di diversa convenzione stipulata a norma dell'art. 162 Cod. Civ., è costituito dalla comunione dei beni».

È opportuno fin da ora precisare che la comunione legale non è comunione universale, cioè non ricade su tutto quello che appartiene a ciascun coniuge.

Secondo quanto previsto dall'art. 177 c.c., costituiscono oggetto della comunione:

1) Gli acquisti compiuti dai coniugi insieme o separatamente durante il matrimonio (es.: mobili di casa, auto, appartamento ecc.), a esclusione di quelli relativi ai beni personali. Non vi fanno parte i redditi, ma i risparmi sino allo scioglimento della comunione;

2) Le aziende gestite da entrambi i coniugi e costituite dopo il matrimonio (impresa familiare art. 230 bis);

3) Gli utili e gli incrementi di aziende gestite da entrambi i coniugi, ma appartenenti ad uno solo di essi anteriormente al matrimonio.

Sono esclusi i "beni personali" di ciascun coniuge (art. 179 c.c.):

1) I beni di cui il coniuge era già titolare prima del matrimonio;

2) I beni acquistati successivamente al matrimonio per effetto di donazione o successione, salvo che per volontà dei coniugi siano espressamente attribuiti alla comunione;

3) I beni di uso strettamente personale;

4) I beni che servono all'esercizio della professione del coniuge;

5) I beni ottenuti a titolo di risarcimento del danno, nonché la pensione attinente alla perdita totale e/o parziale della capacità

lavorativa;

6) I beni acquisiti con il prezzo del trasferimento di altri beni personali o con il loro scambio, purché ciò sia espressamente dichiarato all'atto dell'acquisto davanti al notaio.

SEGRETO n. 1: con il matrimonio la legge prevede la comunione dei beni che contempla la condivisione del patrimonio comune ai coniugi. Tuttavia non fanno parte di questa categoria alcuni beni personali appartenenti a uno dei due coniugi.

L'amministrazione dei beni della comunione (art. 180 c.c.) spetta disgiuntamente (cioè separatamente) a entrambi i coniugi. Tuttavia, il compimento degli atti eccedenti l'ordinaria amministrazione, spetta congiuntamente a entrambi i coniugi (ad esempio: la modifica dell'uso o della destinazione di un immobile, la sopraelevazione e altri atti di notevole importanza economica).

Qualora uno dei coniugi rifiuti il consenso (art.181 c.c.), l'altro può rivolgersi al Giudice per ottenere l'autorizzazione, se per cui la stipulazione dell'atto sia necessaria nell'interesse della famiglia o dell'azienda gestita da entrambi i coniugi e costituita dopo il matrimonio.

Atti compiuti da un coniuge senza il necessario consenso

- Se riguardano beni immobili o mobili registrati, sono annullabili;
- Se riguardano beni mobili il coniuge è obbligato a ricostituire la comunione ovvero, qualora non sia possibile, a pagare alla comunione l'equivalente.

L'amministrazione dei beni spetta ai coniugi separatamente, ad eccezione degli atti di straordinaria amministrazione (ad esempio mutuo ipotecario, vendita ecc.).

Art. 186 c.c.: *Obblighi gravanti sui beni della comunione.* «I beni della comunione rispondono:

1) Di tutti i pesi e oneri gravanti su di essi al momento dell'acquisto;
2) Di tutti i carichi dell'amministrazione;
3) Delle spese per il mantenimento della famiglia e per l'istruzione e l'educazione dei figli e di ogni obbligazione

contratta dai coniugi, anche separatamente, nell'interesse della famiglia;

4) Di ogni obbligazione contratta congiuntamente dai coniugi».

I creditori particolari dei coniugi non possono soddisfarsi sui beni della comunione se non in quanto i beni personali del loro debitore non siano capienti: in tal caso possono soddisfarsi sui beni della comunione solo limitatamente al valore della quota del loro debitore, pari alla metà, purché non vengano in conflitto con i creditori della comunione, i quali sono ad essi sempre preferiti. Dunque, qualora vi sia un credito su un bene tenuto in comunione, il creditore può rivalersi soltanto sulla parte del coniuge debitore.

SEGRETO n. 2: l'amministrazione dei beni spetta solitamente ai singoli coniugi, solo in casi eccezionali bisogna procedere congiuntamente. Qualora insorga un conflitto tra i coniugi ci si può rivolgere al giudice.

Di norma il regime patrimoniale dei coniugi è la comunione dei beni, con alcune eccezioni (beni acquistati o ricevuti in donazione prima del matrimonio, beni utilizzati esclusivamente da uno solo dei coniugi per la propria attività lavorativa ecc.).

Dunque, tutti i beni mobili e immobili acquistati dopo la celebrazione del matrimonio appartengono a entrambi i coniugi, fatta eccezione per le donazioni, ovvero i beni strumentali all'attività lavorativa del marito o della moglie (come le attrezzature di un'officina, di una sala per parrucchiera, estetista ecc.) .

Se i coniugi non vogliono la comunione dei beni per motivi personali o di natura fiscale, soprattutto quando uno dei due svolge un'attività lavorativa autonoma molto rischiosa che potrebbe esporlo al fallimento o quantomeno ad azioni esecutive individuali (pignoramenti mobiliari e degli autoveicoli), per evitare ulteriori spese, possono manifestare la loro volontà al ministro che celebra il matrimonio oppure all'ufficiale di stato civile, in caso di matrimonio non religioso.

Il nuovo regime protegge la parte più debole, ma quando scoppia la crisi, provoca grandi conflitti e liti infinite. È indubbio che in questo caso i benefici economici e patrimoniali vanno ripartiti ugualmente fra entrambi i coniugi. In questi casi, quando la convivenza diventa impossibile, è necessario trovare la soluzione ottimale.

SEGRETO n. 3: i coniugi possono scegliere di contrarre matrimonio pur non accettando la formula della comunione dei beni. In questo caso, da un punto di vista legale, il momento della separazione si fa più delicato per garantire comunque un'equa distribuzione patrimoniale.

RIEPILOGO DEL CAPITOLO 1:

- SEGRETO n. 1: Con il matrimonio la legge prevede la comunione dei beni che contempla la condivisione del patrimonio comune ai coniugi. Tuttavia non fanno parte di questa categoria alcuni beni personali appartenenti a uno dei due coniugi.

- SEGRETO n. 2: L'amministrazione dei beni spetta solitamente ai singoli coniugi, solo in casi eccezionali bisogna procedere congiuntamente. Qualora insorga un conflitto tra i coniugi ci si può rivolgere al giudice.

- SEGRETO n. 3: I coniugi possono scegliere di contrarre matrimonio pur non accettando la formula della comunione dei beni. In questo caso, da un punto di vista legale, il momento della separazione si fa più delicato per garantire comunque un'equa distribuzione patrimoniale.

CAPITOLO 2:

Come stipulare le convenzioni e gli accordi pre-matrimoniali

Le convenzioni pre-matrimoniali sono accordi che non sono solo una prerogativa statunitense, ma in alcuni casi possono assumere rilievo giuridico anche nel nostro paese.

Prima di contrarre il matrimonio, i futuri coniugi possono rivolgersi a un bravo avvocato, esperto nel diritto di famiglia, prospettandogli in modo analitico e dettagliato, le loro esigenze e gli scopi prefissati, senza nascondere nulla della reale situazione patrimoniale, provvedendo all'autenticazione delle firme con l'ausilio di un notaio che ne curerà la registrazione.

Ovviamente non sussiste nessun problema quando i coniugi sono entrambi stranieri, in quanto, in questi casi, vengono applicate dal giudice italiano le norme dello Stato straniero in cui è stato contratto il matrimonio.

Nel caso in cui, almeno uno dei coniugi è cittadino italiano, è stato affermato nella giurisprudenza che: «Gli accordi pre-matrimoniali non sono sempre nulli per illiceità della causa anche quando si contrae un matrimonio non concordatario e, conseguentemente, le intese tra coniugi possono essere prese in considerazione dal giudice in sede di divorzio per la determinazione dell'assegno divorzile».

Parafrasando il concetto con termini più semplici: i giudici della Suprema Corte hanno riconosciuto, nel nostro ordinamento, la possibilità di stipulare degli accordi pre-matrimoniali che, in ogni caso, vanno tenuti in considerazione durante la trattazione della causa di separazione, a differenza del passato in cui venivano considerati nulli.

Anche in caso di nullità del matrimonio, che spetta per legge ai tribunali ecclesiastici, considerati come organi giudiziari stranieri, al momento del riconoscimento e dell'approvazione della sentenza (una volta ottenuta la delibazione della sentenza davanti alla competente Corte di Appello), i coniugi potranno chiedere l'applicazione degli accordi, proprio come qualsiasi altra scrittura privata.

Il *leading case* (termine inglese con cui comunemente, nella prassi giuridica, si indica un caso rilevante che fa testo e viene tenuto in considerazione), è rappresentato da un precedente della Cassazione che già nel 1993 aveva stabilito il principio della validità degli accordi pre-matrimoniali purché stipulati in vista o nell'eventualità di una pronuncia di nullità del matrimonio. In Italia, quindi, gli accordi pre-matrimoniali, in caso di matrimonio concordatario, possono risultare pienamente efficaci.

Sono stipulati sia per atto notarile sia per scrittura privata redatta direttamente tra i coniugi, in virtù del principio di autonomia negoziale delle parti: l'eventuale data certa potrà essere attribuita con la semplice spedizione tramite raccomandata. In caso di matrimonio contratto esclusivamente in sede civile, invece, i patti non assumeranno valore, non potendo essere il matrimonio oggetto di nullità. Ma potranno comunque essere presi in considerazione in sede di divorzio, in vista della determinazione dell'assegno a favore del coniuge più debole.

SEGRETO n. 4: le convenzioni pre-matrimoniali possono regolare i rapporti patrimoniali futuri dei coniugi in caso di divorzio. Non ci sono problemi nel caso in cui i coniugi siano entrambi stranieri.

Non va sottovalutato neanche il valore probatorio degli accordi in sede ecclesiastica. Qui, infatti, le intese assumeranno anche il valore di prova documentale, capaci di configurare una riserva mentale idonea, insieme agli altri elementi processuali, per condurre a una pronuncia di nullità.

In alcuni casi, il matrimonio è stato dichiarato nullo proprio sulla base degli accordi pre-matrimoniali, perché spesso l'intesa equivale a una concordata esclusione dell'indissolubilità del vincolo e questa volontà può essere oggetto di valutazione da parte del giudice ecclesiastico. Meno restrittivi sono anche gli standard formali necessari per la loro validità.

Negli Stati Uniti i futuri sposi devono descrivere analiticamente tutti i beni oggetto dell'accordo, come requisito di validità dell'atto.

In Italia, invece, basterebbe anche un accordo meno dettagliato. La strada verso il riconoscimento delle intese pre-matrimoniali sembra aperta, atteso che nessun coniuge venga obbligato a presentare o a rinunciare a una futura domanda di separazione, né al diritto agli alimenti in stato di bisogno. E, questa volta, senza bisogno di organizzare "fughe" oltre confine, per cautelarsi rispetto a quei diritti, che tendono a garantire un tenore di vita quanto più possibile analogo a quello goduto durante il matrimonio.

Ritengo utile, anche se poco diffuso nella pratica, la costituzione del fondo patrimoniale, generalmente utilizzato dagli imprenditori individuali per mettere al riparo il loro patrimonio dall'aggressione dei loro creditori. In effetti, il fondo patrimoniale costituito con atto pubblico, ha lo scopo di vincolare uno o più beni patrimoniali (immobili, mobili, registrati, titoli) della famiglia, destinati a soddisfare i bisogni di quest'ultima.

Trattandosi di un patrimonio separato dal rimanente, non solo non può essere aggredito dai creditori anche qualora siano a conoscenza che i debiti sono stati contratti per scopi estranei alle esigenze primarie della famiglia, ma se vi sono figli minori, i beni sono sostanzialmente indisponibili.

In questo modo si tutelano sia il coniuge economicamente più debole sia i figli, da quei comportamenti antigiuridici e immorali di molti coniugi in procinto di separarsi, che volontariamente contraggono debiti così che ricadano sull'altro consorte gli infausti effetti delle esecuzioni mobiliari e immobiliari. Questo avviene spesso per costringere il coniuge ad accettare tutte le proprie richieste, spesso gravose e umilianti.

Nella peggiore delle ipotesi, qualora i beni personali di uno dei coniugi non siano sufficienti a soddisfare le pretese dei creditori, può essere pignorata solo una piccola quota dei beni del fondo patrimoniale, con la possibilità dell'altro coniuge di poterla riscattare più facilmente.

Il fondo patrimoniale può essere costituito subito dopo il matrimonio o quantomeno nell'attimo in cui cominciano i primi segni di una crisi coniugale destinata ad aggravarsi nel giro di due tre anni.

Di per sé la separazione non è causa di scioglimento del fondo patrimoniale, tranne che vi sia il consenso di entrambi i coniugi e, se vi sono figli minori, anche l'autorizzazione del tribunale.

SEGRETO n. 5: la costituzione del fondo patrimoniale può essere utile per proteggere il coniuge più debole, in quanto lo tutela dall'aggressione da parte di creditori per debiti contratti dall'altro coniuge, in modo esasperato, per ottenere vantaggi di ogni tipo al momento della separazione.

Accanto alla famiglia tradizionale, fondata sul matrimonio, si sono sviluppati negli ultimi trent'anni, soprattutto dopo l'approvazione della legge sul divorzio, altri modi di costituire una famiglia. Molte coppie decidono, infatti, di convivere senza sposarsi, o per libera scelta o perché uno o entrambi i componenti vengono da un'esperienza matrimoniale precedente. Si formano, in questo modo, le cosiddette famiglie di fatto.

Con il matrimonio, i coniugi acquisiscono i diritti e i doveri stabiliti dalla legge. Le coppie di fatto invece, per poter far valere alcuni di questi diritti, devono dimostrare di vivere *more uxorio* (espressione latina comunemente usata per indicare una convivenza simile a quella matrimoniale). L'unico documento che attesta legalmente la convivenza è il certificato di stato di famiglia che deve essere richiesto all'ufficio anagrafe del comune di residenza; ai fini anagrafici la famiglia è definita dall'art. 4 del Decreto del Presidente della Repubblica n. 223 del 1989. La legge prevede, inoltre, che i conviventi possano attestare questa loro condizione anche per mezzo di un'autocertificazione.

Il certificato che attesta la convivenza è utile, ad esempio, per l'assegnazione di un alloggio popolare o per ottenere congedi lavorativi. Infatti, la legge n. 53/2000 sui congedi parentali, riconosce al lavoratore e alla lavoratrice il diritto a un permesso retribuito di tre giorni all'anno in caso di decesso o di documentata grave infermità del coniuge o di un parente entro il secondo grado o del convivente, purché la stabile convivenza risulti da certificazione anagrafica.

Anche se le famiglie di fatto sono in costante aumento, la normativa che regola la materia è molto scarna per la riluttanza del legislatore italiano a riconoscere le coppie di fatto, al fine di non entrare in aperto contrasto con la Chiesa cattolica e con una buona parte dell'elettorato moderato. Sull'argomento è intervenuta la giurisprudenza e sono state emesse, invece, numerose sentenze da cui vengono tratti i principi fondamentali di orientamento in materia. Pertanto è opportuno chiedere l'assistenza di un notaio o di un avvocato per predisporre una scrittura privata autenticata e trascritta che possa tutelare il soggetto più debole della coppia, mettendolo al riparo in caso di abbandono o decesso dell'altro compagno.

SEGRETO n. 6: il nostro ordinamento tutela in modo ampio e completo solo la famiglia tradizionale, privilegiandola rispetto alla famiglia di fatto.

È opportuno precisare che tra conviventi non coniugati:

- In caso di decesso non si può ottenere la pensione di reversibilità;
- In caso di "separazione" non si ha alcun diritto al mantenimento;
- Si può ereditare solo per testamento, fatta salva la quota spettante agli eredi legittimi quali i figli, i genitori, i fratelli e

le sorelle;

- non è possibile scegliere il regime patrimoniale della comunione dei beni e solo cointestando i vari beni immobili e stabilendo contrattualmente determinate regole di amministrazione, si possono ugualmente ottenere risultati soddisfacenti.

Per quanto riguarda i figli, non ci sono differenze tra famiglia fondata sul matrimonio e famiglia di fatto, poiché dalla riforma del diritto di famiglia del 1975 i figli legittimi e quelli naturali sono stati equiparati sotto l'aspetto giuridico.

La potestà sul figlio naturale viene esercitata:

- Da entrambi i genitori, se entrambi lo hanno riconosciuto e sono conviventi;
- Dal genitore che convive con il figlio, anche se è stato riconosciuto sia dal padre che dalla madre;
- Dal genitore che lo ha riconosciuto per primo, se nessuno dei due genitori convive con il figlio.

Qualora si interrompa la convivenza, i genitori affronteranno un unico giudizio davanti al Tribunale per i minori competente, per stabilire l'affidamento dei figli e per definire l'assegno di mantenimento. In seguito al matrimonio dei genitori, il figlio naturale viene legittimato.

Nel nostro ordinamento, solo a partire dall'anno 2001, è riconosciuto a entrambi i genitori, anche naturali, adottivi o affidatari, il diritto individuale al congedo parentale.

La nuova legge sulle adozioni non prevede per una coppia convivente la possibilità dell'adozione, a meno che la convivenza duri da tre anni e vi sia l'impegno al matrimonio.

Per quanto riguarda, invece, le convivenze omosessuali, queste nel nostro paese non vengono ancora riconosciute neppure sotto forma di famiglie di fatto, benché il Parlamento Europeo abbia invitato gli stati membri ad abolire ogni disparità di trattamento.

Recentemente la Cassazione ha affermato che le coppie di fatto sono equiparabili alle famiglie legittime in tema di risarcimento danni. Infatti, con una sentenza storica, è stato riconosciuto il risarcimento dei danni a seguito della morte di un uomo per un incidente stradale sia a favore della ex moglie e dei loro figli, cioè quella che viene considerata la *famiglia legittima*, sia a favore dell'attuale compagna e dei figli avuti con la donna.

SEGRETO n. 7: in mancanza di una legge *ad hoc*, è consigliabile rivolgersi a un serio professionista per tutelare il compagno più debole in caso di abbandono o decesso da parte dell'altro membro della coppia di fatto.

In Italia, vi sono circa un milione di coppie che di fatto convivono e ormai è arrivato il momento di cambiare rotta, se davvero il nostro Paese vuole eliminare ogni discriminazione nella tutela dei diritti in ossequio all'articolo 3 della Costituzione ed essere considerato un paese moderno allo stesso livello degli altri paesi membri dell'Unione Europea.

RIEPILOGO DEL CAPITOLO 2:

- SEGRETO n. 4: Le convenzioni pre-matrimoniali possono regolare i rapporti patrimoniali futuri dei coniugi in caso di divorzio. Non ci sono problemi nel caso in cui i coniugi siano entrambi stranieri.

- SEGRETO n. 5: La costituzione del fondo patrimoniale può essere utile per proteggere il coniuge più debole, in quanto lo tutela dall'aggressione da parte di creditori per debiti contratti dall'altro coniuge, in modo esasperato, per ottenere vantaggi di ogni tipo al momento della separazione.

- SEGRETO n. 6: Il nostro ordinamento tutela in modo ampio e completo solo la famiglia tradizionale,privilegiandola rispetto alla famiglia di fatto.

- SEGRETO n. 7: In mancanza di una legge *ad hoc*, è consigliabile rivolgersi a un serio professionista per tutelare il compagno più debole in caso di abbandono o decesso da parte dell'altro membro della coppia di fatto.

CAPITOLO 3:

Come scegliere il Difensore

Per quanto concerne la scelta del legale, per essere difesi nelle cause di separazione va detto che questa non può essere fatta consultando le pagine gialle, oppure fermandosi al primo studio, magari colpiti dalla targa o dall'eleganza del palazzo, ma acquisendo una serie di informazioni molto rilevanti.

Un elemento fondamentale da non trascurare è la cultura e la preparazione del professionista, che non deve essere limitata alle nozioni scolastiche acquisite all'università, ma estesa a 360 gradi per cercare di abbracciare l'intero scibile umano del sapere: lo studio della letteratura, della psicologia, della sociologia, dell'arte, dell'economia e anche delle materie scientifiche è fondamentale per la comprensione delle questioni che di volta in volta vengono prospettate da coloro che varcano lo studio di un avvocato.

I consigli degli amici possono indirizzare, ma poi spetta all'interessato trarre notizie utili, valutando più elementi nella scelta del professionista: considerare la pubblicazione di suoi articoli o di libri sulla materia, la partecipazione a convegni, ma soprattutto la varietà dei libri esposti nella sua biblioteca o nella sala d'attesa, i quadri che adornano le pareti e il suo comportamento durante il primo incontro. Tutti questi elementi offrono informazioni utili sulla personalità del legale cui affidare il proprio caso, scartandolo subito se appare una persona poco sensibile, pigra, sciatta e frettolosa!

Altro elemento da considerare con oculatezza è il "prezzo", ovvero l'onorario, evitando scelte sbagliate basate sul criterio dell'avvocato "poco costoso", tenendo sempre presente che un professionista serio e competente, colto e dotato di un forte sostrato etico e morale chiederà un compenso giusto, rapportato all'impegno necessario per seguire la causa al massimo.

Un altro luogo comune da sfatare è la scelta dell'avvocato "astuto", simile a certi personaggi visti nelle fiction o nei romanzi del passato (Perry Mason, Nero Wolfe ecc.), che con assi nella manica o altre strategie stupefacenti, in un battibaleno riescono a capovolgere l'esito del processo e a raggiungere in tempi brevi risultati strabilianti.

Se da un lato è da apprezzare la genialità e la prontezza del difensore capace di sfruttare a tempo opportuno tutti gli elementi a favore del proprio cliente, con un *modus operandi* raffinato e incisivo, bisogna evitare la scelta di un difensore conosciuto nell'ambiente come l'azzeccagarbugli di manzoniana memoria, che a corto di argomentazioni giuridiche fondate, ricorre a elementi che stravolgono la verità sostanziale e processuale, introducendoli all'ultimo momento in modo poco ortodosso e nelle situazioni molto delicate, approfittando magari di qualche distrazione del collega o del magistrato.

Bisogna diffidare dell'avvocato che "bara", perché la verità viene sempre a galla, tranne nei pochi casi in cui il giudicante istruisce la causa in modo approssimativo e disattento, perché in caso contrario sarà il cliente a pagarne le spese.

Caro lettore (o lettrice), un altro suggerimento importante è quello di evitare l'avvocato troppo "professionista" e distaccato: lo puoi riconoscere sin dal primo colloquio perché è abbastanza freddo e indifferente, ti ascolta senza passione, attento ai fatti, negativo e critico, senza mai mostrare un minimo turbamento per i sentimenti del cliente.

È evidente che questo tipo di difensore, che considera la sua professione solo un lavoro come un altro, è poco coinvolto al caso e non si batterà sino in fondo per difendere il proprio assistito, sostenendo l'applicazione fredda della norma senza il filtro di quell'interpretazione umana dettata dal cuore.

Al momento del conferimento dell'incarico, grazie alla liberalizzazione delle tariffe, è utile e opportuno concludere un contratto per determinare il compenso massimo dovuto al difensore per l'intero giudizio, evitando, alla fine, di pagare una parcella esosa, liquidata dal giudice o dal Consiglio dell'ordine degli avvocati, con scarsa possibilità di potersi opporre, per ottenere una riduzione, rischiando anzi di peggiorare le cose con una condanna alle spese del giudizio di opposizione.

Per la natura speciale del giudizio, non conta solo la preparazione giuridica del difensore, ma è molto importante, specie nella separazione con figli, la scelta di un avvocato sensibile, non molto giovane, possibilmente sposato, padre o madre di famiglia, evitando avvocati troppo di parte ed estremisti nelle loro personali posizioni o privi di ogni esperienza in materia di coppie e figli.

Non bisogna farsi influenzare nella scelta dalla fama dell'avvocato, perché talvolta il bravo professionista, oberato dagli impegni e dalle scadenze è "costretto" a trascurare le cause, oppure per il carattere debole e incline al compromesso, si dimostra totalmente passivo nei confronti dell'altro difensore o del magistrato incaricato di istruire e decidere la causa.

SEGRETO n. 8: bisogna scegliere un avvocato serio, competente ed equilibrato, evitando di affidare la pratica di separazione a professionisti troppo schierati, per non dare inizio a vere battaglie, che alla fine danneggiano entrambi i coniugi.

Quindi, per la difesa tecnica, bisogna affidarsi a un avvocato serio, competente e paziente, che sappia spiegare ai propri assistiti, dopo l'esposizione dei fatti, la difesa e le strategie che intende adottare e gli obiettivi che si propone di raggiungere.

Bisogna costantemente informare il proprio difensore di ogni fatto o avvenimento nuovo che possa influenzare il giudizio di separazione, anche dei dettagli apparentemente irrilevanti, lasciando a quest'ultimo il compito di valutarli di volta in volta.

Questi consigli sono il frutto della mia esperienza venticinquennale nel campo del diritto civile e soprattutto nel ramo specialistico del diritto di famiglia, in diversi distretti giudiziari.

SEGRETO n. 9: informare il proprio difensore di ogni dettaglio e soprattutto di eventuali comportamenti che in sede giudiziale potrebbero essere valutati negativamente dal giudice, con gravi ripercussioni sull'addebito della colpa e sull'affidamento dei figli.

I coniugi, dopo aver raggiunto la comune decisione di separarsi consensualmente, valutata anche l'opportunità di evitare la tensione e lo stress della separazione giudiziale si rivolgono al giudice per far convalidare il loro accordo, anche con l'assistenza di un solo avvocato (o addirittura da soli se in possesso di una discreta conoscenza in materia).

Il ricorso contenente tutti gli accordi dei coniugi, viene convalidato dal tribunale, con un provvedimento che tecnicamente viene definito "omologazione" (trattasi di un'ordinanza del Collegio, cioè Presidente e due Giudici del tribunale diverso nella forma dalla sentenza vera e propria).

Per la separazione legale nella formula consensuale, non è sufficiente che i coniugi siano d'accordo sull'opportunità di separazione, ma debbono concordare tutte la materie che devono essere disciplinate nello stato di separazione.

Le condizioni fondamentali riguardano il godimento della casa coniugale, l'affidamento dei figli, i rapporti economici, e altri elementi come ad esempio l'assegno di mantenimento per il coniuge privo di reddito e i figli. Se uno dei coniugi non è d'accordo anche su una sola condizione, non è possibile separarsi consensualmente e fare decidere al giudice la materia in contestazione, dovendo percorrere l'iter più complesso della separazione giudiziale.

Non è obbligatorio indicare in modo analitico e specifico la causa della separazione, essendo sufficiente il richiamo generico alla incompatibilità di carattere o al venir meno della *communio maritalis* (comunanza coniugale) spirituale e materiale, con effetti pregiudizievoli sulla convivenza e l'educazione dei figli.

Dopo il deposito nella Cancelleria del Tribunale, i coniugi sono convocati a comparire personalmente davanti al Presidente del Tribunale del luogo in cui hanno il loro domicilio e sono invitati a esporre e illustrare verbalmente i motivi che li hanno indotti a richiedere la separazione.

Il Presidente li ascolta separatamente e poi in contraddittorio per tentare, nei limiti del possibile, la riconciliazione. Se il tentativo di conciliazione non riesce, il Presidente dopo averne preso atto, autorizza i coniugi, collegialmente con altri due magistrati, procede all'esame della clausola di separazione, per valutare se siano conformi all'ordinamento giuridico, all'interesse della prole e a norme imperative e inderogabili di legge.

Il Pubblico Ministero (Procuratore della Repubblica), in materia di separazione personale dei coniugi, ha l'obbligo di esprimere le proprie osservazioni e il suo parere nell'interesse supremo della legge e, in caso favorevole, il Tribunale pronuncia l'omologazione della separazione, cioè la convalida della stessa.

Dalla data di comparizione dei coniugi, decorre l'attuale termine di tre anni per poter poi richiedere la cessazione degli effetti civili del matrimonio, comunemente indicato come "divorzio". Se gli accordi dei coniugi in materia di affidamento e mantenimento dei figli è in contrasto con l'interesse di questi, il giudice riconvoca i coniugi indicandogli le modifiche da apportare in ossequio al disposto dell'articolo 158 c.c.

Prima della riforma del 1975, nel codice civile del 1942, la separazione giudiziale poteva essere chiesta da uno dei coniugi dimostrando che l'altro aveva violato i doveri del matrimonio commettendo adulterio, violenza fisica, sevizie, minacce, abbandono e/o ingiurie gravi. La separazione si doveva concedere solo con l'addebito per colpa di uno dei coniugi con le relativa conseguenza in materia di mantenimento, assegnazione della casa coniugale e affidamento della prole.

Nel testo novellato del vigente art. 151 c.c., non è più necessario il compimento di condotta colposa da parte di uno dei due coniugi per ottenere la separazione legale: è sufficiente un insieme di fatti da valutare in quanto tali, che fanno venire meno i presupposti della comunione matrimoniale e morale dei coniugi.

La legge non elenca in modo dettagliato i fatti rilevanti, rimettendo alla valutazione del giudice l'accertamento dei requisiti per accogliere la richiesta di separazione personale giudiziale. La riforma ha pertanto ampliato le possibilità di ottenere la separazione anche per fatti che, pur non essendo di estrema gravità (come l'adulterio, l'abbandono della famiglia, il rifiuto sistematico di contribuire ai bisogni del coniuge privo di reddito e soprattutto dei figli), hanno della conseguenze dannose sull'unione dei coniugi e sull'equilibrio psico-fisico dei figli, soprattutto se minori.

SEGRETO n. 10: se non ci sono responsabilità pesanti di uno dei due coniugi, supportate da prove certe, è preferibile tentare in tutti i modi di raggiungere un accordo per la separazione consensuale, evitando gravi traumi ai figli minori.

Quando la fase della crisi coniugale è divenuta particolarmente difficile e non ci sono spiragli per la riappacificazione, prima di rivolgersi a un legale, è opportuno e doveroso, soprattutto per il bene dei figli minori, rivolgersi al più vicino consultorio familiare per esporre le problematiche della coppia e ricevere la consulenza di persone preparate e competenti. Fallito tale tentativo di conciliazione, per il rifiuto e l'ostinazione di uno dei coniugi o poiché le cause della crisi sono molto gravi, (infedeltà, alcolismo, violenza, consumo di droghe ecc.) i coniugi debbono scegliere un avvocato (ovvero, in caso di disaccordo, due difensori), che si adoperi per redigere tutte le condizioni per la separazione consensuale.

Infatti, questa è la strada da percorrere per separarsi con minori traumi, non solo per i coniugi ma soprattutto per i figli che, in ultima analisi sono, le vere "vittime" della separazione, trattandosi di una procedura semplificata e in camera di consiglio.

Generalmente, dopo il deposito in Cancelleria e la comparizione personale dei coniugi davanti al Presidente del Tribunale, ovvero di un giudice delegato, per il tentativo obbligatorio di conciliazione, l'iter si conclude rapidamente nel termine di circa sei mesi, senza la necessità di prove testimoniali, di indagini e l'ausilio degli Assistenti sociali o di Consulenti nominati per valutare, in caso di grave conflitto, l'assegnazione dei figli.

SEPARAZIONE CONSENSUALE

COMPARIZIONE
PRESIDENTE
DEL TRIBUNALE

DEPOSITO RICORSO CONGIUNTO

FALLITO IL
TENTATIVO,
IL PRESIDENTE
TRASMETTE GLI
ATTI AL COLLEGIO
E P.M.

Rinvia al collegio (e al p.m. per parere obbligatorio) e il tribunale omologa la separazione consensuale.

Invece, nell'ipotesi della separazione giudiziale il percorso è molto più complesso, stressante e costoso, con gravi ripercussioni sulla coppia e sull'equilibrio dei minori, spesso coinvolti involontariamente come testi per riferire su liti e altri comportamenti violenti o mortificanti dei genitori, che creano delle profonde divisioni e risentimenti duraturi.

SEGRETO n. 11: entrambi i coniugi devono valutare che nella separazione giudiziale non ci sono vincitori e vinti, in quanto tutti alla fine perdono, subendo danni irreparabili, che incidono per tutta la vita.

Chi scrive sa che, purtroppo, molte volte per la testardaggine, per l'orgoglio, per l'umiliazione del coniuge tradito, e quindi per l'arroganza del coniuge che gode di una migliore posizione economica, non ci sono alternative, perciò la separazione giudiziale è una scelta obbligata.

SEPARAZIONE GIUDIZIALE

DEPOSITO RICORSO

TENTATIVO DI CONCILIAZIONE

Se riesce, i coniugi si riconciliano.

Se fallisce, il Presidente assegna la casa e i figli e fissa un assegno.

LA SENTENZA CONFERMA O MODIFICA I PROVVEDIMENTI DEL PRESIDENTE

La sentenza può essere appellata in corte di appello sino alla cassazione.

RIEPILOGO DEL CAPITOLO 3:

- SEGRETO n. 8: Bisogna scegliere un avvocato serio, competente ed equilibrato, evitando di affidare la pratica di separazione a professionisti troppo schierati, per non dare inizio a vere battaglie, che alla fine danneggiano entrambi i coniugi.

- SEGRETO n. 9: Informare il proprio difensore di ogni dettaglio e soprattutto di eventuali comportamenti che in sede giudiziale potrebbero essere valutati negativamente dal giudice, con gravi ripercussioni sull'addebito della colpa e sull'affidamento dei figli.

- SEGRETO n. 10: Se non ci sono responsabilità pesanti di uno dei due coniugi supportate da prove certe è preferibile tentare in tutti i modi di raggiungere un accordo per la separazione consensuale, evitando gravi traumi ai figli.

- SEGRETO n. 11: Entrambi i coniugi devono valutare che nella separazione giudiziale non ci sono vincitori e vinti, in quanto, tutti alla fine perdono, subendo danni irreparabili, che incidono per tutta la vita.

CAPITOLO 4:

Come ottenere il giusto mantenimento e l'assegnazione della casa e dei figli

L'assegno di mantenimento è un istituto previsto dal Codice Civile all'articolo 156, secondo cui «Il giudice, pronunziando la separazione, stabilisce a carico del coniuge cui non sia addebitabile la separazione, il diritto di ricevere dall'altro coniuge quanto è necessario al suo mantenimento, qualora egli non disponga di redditi adeguati».

Per comprendere a pieno lo scopo della citata norma occorre innanzitutto rammentare che la separazione ha carattere temporaneo, ben potendo i coniugi decidere di riconciliarsi. Il legislatore, nell'introdurre la disposizione di cui all'articolo 156, ha dimostrato una sensibilità per il coniuge "debole", secondo una tendenza generalizzata, soprattutto in passato, di molte famiglie italiane: in pratica, uno dei coniugi, e segnatamente la moglie, era solita rinunciare alle sue aspirazioni lavorative e di crescita professionale per concentrarsi unicamente sull'educazione dei figli e sull'andamento "domestico".

Questa norma mira a salvaguardare il soggetto che abbia effettuato, d'accordo con il coniuge una simile scelta, per dargli la possibilità, in caso di separazione, di non dover patire unicamente egli stesso gli effetti dannosi della separazione. Venendo ai presupposti che devono concorrere affinché il giudice si determini a concedere l'assegno di mantenimento, essi sono tre:

- La non addebitabilità della separazione al coniuge nel cui favore viene disposto il mantenimento (cioè il coniuge non deve essere il responsabile della crisi coniugale);
- La mancanza, per il beneficiario, di adeguati redditi propri;
- La sussistenza di una disparità economica tra i coniugi.

Occorre concentrarsi su cosa il legislatore abbia inteso parlando di "reddito". Certamente, il termine reddito è stato utilizzato nella sua accezione più ampia. Il riferimento va, innanzitutto, al denaro, ma si intendono comprese anche altre utilità differenti dal denaro, purché economicamente valutabili. A titolo esemplificativo, il giudice dovrà tener conto anche dei beni immobili posseduti, sia dal punto di vista del valore implicito che essi hanno, sia dal punto di vista del ricavato di una eventuale locazione o vendita degli stessi; dei crediti di cui il coniuge obbligato sia ancora titolare; dei risparmi investiti o produttivi; della disponibilità della casa coniugale ecc.

La reale difficoltà nell'applicazione di questo articolo risiede nell'esigenza di trovare un parametro in base al quale valutare l'inadeguatezza dei redditi di uno dei coniugi.

Per molto tempo si è ritenuto che il fondamento per l'erogazione dell'assegno di mantenimento fosse la necessità di assicurare al coniuge beneficiario un tenore di vita pari o almeno simile a quello del matrimonio. Un'impostazione di tale tipo era soggetta a diverse critiche: la prima è di ordine logico - pratico: ben si sa che la convivenza ha dei vantaggi economici. Vi è, di fatti, la possibilità di ammortizzare le spese dividendole equamente. Il mantenimento di un determinato tenore di vita, risulta certamente più facile se a contribuire alle casse del nucleo familiare vi sono due soggetti, con due stipendi.

In caso di separazione, certamente le spese raddoppiano: basti pensare alla necessità, per il coniuge che non benefici della casa coniugale, di cercarsi una nuova sistemazione, con le conseguenti spese per l'affitto e per la gestione dell'alloggio.

È ovvio che, in una situazione di tale tipo, caratterizzata da un sicuro aumento delle spese, non sarà facilmente ipotizzabile la possibilità di mantenere lo stesso standard di vita che si aveva in regime di comunione. E questo vale sia per il coniuge obbligato che per il coniuge beneficiario. Se si accetta questa ricostruzione, non si può non notare come sarebbe eccessivamente penalizzante per il coniuge obbligato assicurare al coniuge beneficiario il medesimo stile di vita che si aveva durante il matrimonio.

Inoltre, si devono considerare le ipotesi in cui i coniugi, in costanza di matrimonio, avevano un tenore di vita molto superiore rispetto alle proprie singole possibilità: anche in questo caso sarebbe ingiusto imporre al coniuge obbligato di assicurare al coniuge beneficiario lo stesso tenore di vita antecedente.

Ancora, ben può accadere che i coniugi decidano di avere un

tenore di vita ridotto, minore alle proprie potenzialità, per esempio investendo e risparmiando capitale; in questa ipotesi, la regola del mantenimento del medesimo tenore di vita si rivela ingiusta e per assurdo proprio a sfavore del coniuge beneficiario.

La giurisprudenza, in tempi recenti, ha provveduto a individuare un parametro di riferimento sicuramente più corretto: «Il giudice di merito deve anzitutto accertare il tenore di vita dei coniugi durante il matrimonio, per poi verificare se i mezzi economici a disposizione del coniuge gli permettano di conservarlo indipendentemente dalla percezione di detto assegno e, in caso di esito negativo di questo esame, deve procedere alla valutazione comparativa dei mezzi economici a disposizione di ciascun coniuge al momento della separazione».

Non si cerca quindi di assicurare il mantenimento delle medesime condizioni economiche, ma di "equilibrare" le effettive capacità economiche dei coniugi; si deve, perciò, verificare se sussiste una disparità economica tra i due coniugi. In caso positivo il giudice determina l'importo da corrispondere.

Proprio a tal fine, è risultato utile quanto disposto dal secondo comma dell'art. 156 che impone al giudice di determinare l'entità dell'assegno in relazione, oltre che al reddito, anche alle "circostanze". Ed è proprio grazie a questo termine, che il giudice può valutare una serie di elementi fattuali che, anche se non propriamente reddituali, hanno comunque capacità di influire sul reddito di una delle parti (vedi, per esempio, la circostanza dell'aumento delle spese fisse).

Un esempio su tutti: l'attitudine a lavorare è sicuramente una circostanza che il giudice deve valutare, nel senso che, laddove il coniuge beneficiario sia nella concreta possibilità di svolgere un'attività lavorativa retributiva (tenendo in considerazione l'età, la situazione del mercato del lavoro del luogo in cui vive il coniuge, l'esperienza lavorativa o professionale precedente alla separazione, il tempo intercorso dall'ultima prestazione di lavoro, la situazione di salute del medesimo, i condizionamenti dovuti alla cura e dalla crescita della prole) tale circostanza andrà a incidere sulla quantificazione dell'assegno.

Naturalmente non si richiede una valutazione aritmetica dei

redditi, ma solo un'analisi volta ad accertarne l'ammontare complessivo approssimativo, un'attendibile ricostruzione delle situazioni patrimoniali di entrambi i coniugi.

In questa analisi, il giudice dovrà tenere conto anche di eventuali maggiorazioni o diminuzioni che il patrimonio del coniuge obbligato ha subito durante il giudizio di separazione, proprio perché, come già evidenziato, la separazione personale non fa venir meno la solidarietà economica che lega i coniugi durante il matrimonio (convinzione erronea di molte coppie di separandi) e che comporta la condivisione delle reciproche fortune e sfortune.

In merito all'accertamento che deve condurre il giudice, il coniuge beneficiario non ha l'obbligo di fornire all'organo giudiziario la prova specifica e diretta del maggior reddito dell'altro coniuge, essendo sufficiente che dimostri anche implicitamente tale differenza economica. Naturalmente il coniuge obbligato ha la possibilità di contestare il preteso squilibrio, indicando beni e proventi occulti (lavoro in nero) che dimostrino l'infondatezza della richiesta.

Nel caso in cui i coniugi non forniscano gli elementi necessari e sufficienti affinché il giudice svolga l'indagine su descritta, si ritiene possa applicarsi, stante l'identità di ratio tra i due istituti, quanto previsto dall'art. 5, comma 9, L. 898/70 (in materia di divorzio) secondo cui: «In caso di contestazioni, il tribunale dispone indagini sui redditi e patrimoni dei coniugi e sul loro effettivo tenore di vita, valendosi, se è il caso, anche della polizia tributaria».

È controverso nella giurisprudenza e tra gli esperti più autorevoli, se sia possibile rinunziare o meno all'assegno di mantenimento. Da un lato, di fatti, vi è chi sostiene che l'assegno di mantenimento trova il suo fondamento nell'articolo 143 c.c. e, quindi, rientra tra i diritti e doveri inderogabili dei coniugi e, pertanto, irrinunciabili.

Ne consegue la nullità di qualsiasi patto tramite il quale il coniuge, pur trovandosi nelle condizioni per beneficiare di detto assegno, vi abbia rinunciato. Dall'altro lato, si sostiene che, così come i coniugi sono liberi di determinare il quantum dell'assegno, sono parimenti liberi di escludere con apposito accordo la corresponsione dello stesso. La Suprema Corte di Cassazione ha affermato che: «I coniugi possono decidere di non corrispondere alcun assegno di mantenimento, così come decidere di non corrisponderlo con periodicità ma versarlo una tantum, cioè in un'unica soluzione».

Ormai pacificamente, si ritiene che l'assegno di mantenimento sia soggetto all'adeguamento degli indici ISTAT del costo della vita e quindi ogni anno il coniuge beneficiario possa richiedere automaticamente l'aumento dello stesso, senza la necessità di rivolgersi al giudice, tranne davanti al rifiuto dell'altro coniuge. Il coniuge cui spetta l'assegno può rinunciarvi. Invece, in caso di inadempimento, su richiesta del beneficiario che deve percepire la somma fissata, potrà essere disposto il sequestro di parte dei beni dell'obbligato, oppure potrà essere ordinato con provvedimento del tribunale a terzi (es.: al datore di lavoro del coniuge inadempiente) il versamento della somma dovuta.

Il provvedimento con cui il giudice dispone la corresponsione dell'assegno di mantenimento può in ogni tempo essere modificato o revocato qualora vi siano giustificati motivi.

Mentre il mantenimento è negato al coniuge cui è addebitabile la separazione, non sono invece mai negati gli alimenti se ne sussistono i presupposti, cioè la corresponsione al coniuge di quanto gli sia necessario per la sopravvivenza quando questi versi in uno stato di particolare indigenza e povertà (art. 156, 3° co. c.c.).

In questa ipotesi, poiché l'assegno per gli alimenti è fondato sull'incapacità del coniuge di provvedere al proprio mantenimento, tale assegno è espressamente irrinunciabile ex art. 447 c.c. Gli alimenti hanno solo lo scopo di garantire l'essenziale per condurre una vita dignitosa al coniuge colpevole, che percepirà un assegno alimentare la cui entità è limitata ai bisogni primari e necessari.

L'assegnazione della casa familiare non è fonte di problemi nella separazione consensuale, in quanto i coniugi concordemente, ovviamente dopo lunghe trattative, decidono a chi affidarla senza particolari difficoltà. Nella separazione giudiziale questo aspetto, assieme all'affidamento dei figli, è stato sempre motivo di grandi contrasti tra i coniugi, almeno sino alla recente riforma dell'anno

2006, che ha introdotto l'affido condiviso dei figli. Infatti, ormai il godimento della casa familiare è attribuito tenendo prioritariamente conto dell'interesse dei figli e di altri parametri che saranno meglio chiariti in questo capitolo.

Per quanto riguarda la nozione di casa familiare va detto che la legge non la definisce univocamente; i giudici hanno dunque sopperito a tale carenza definendola: «Quell'immobile in cui si svolge in modo duraturo e prevalente la convivenza del nucleo familiare, unitamente al complesso di beni attrezzato in modo funzionale per assicurare la stessa esistenza domestica della famiglia».

Dunque la casa familiare non è costituita solo dal fabbricato, ma è un'entità complessa che comprende anche i beni mobili che ne costituiscono l'arredo e le relative pertinenze, quali l'autorimessa, la soffitta o la cantina che siano al servizio dell'abitazione.

Più problematica è la situazione quando non ci sono figli minori, ovvero maggiorenni privi di reddito. In questo caso, anche se qualche tribunale di merito ha tutelato il coniuge più debole economicamente, la Suprema Corte di Cassazione ha sempre affermato il principio che l'assegnazione della casa si giustifica in quanto sia finalizzata ad assicurare l'interesse dei figli alla permanenza nell'ambiente domestico in cui essi sono cresciuti.

Dunque, il presupposto iniziale del provvedimento di assegnazione dell'immobile è la destinazione dello stesso a stabile abitazione del coniuge e del figlio; negli altri casi, mancando una normativa speciale in tema di separazione, qualora i coniugi non abbiano figli, la casa familiare in comproprietà è soggetta alle norme sulla comunione, alla cui disciplina dovrà farsi riferimento per l'uso e la divisione.

In una recente sentenza del 2008 i giudici della Cassazione, pur confermando il superiore indirizzo, hanno auspicato un intervento legislativo in materia per tutelare in questi casi il coniuge più debole.

Fino a quando non sarà colmato tale vuoto legislativo, si suggerisce al coniuge più debole sotto l'aspetto economico, di stipulare apposita convenzione per ottenere un termine congruo per l'utilizzo dell'immobile in favore di terzi, con diritto di prelazione rispetto all'altro coniuge. È opportuno soffermarsi su una prassi scorretta generalizzata di molti Tribunali e Corti di Appello: l'assegnazione automatica della casa familiare al solo coniuge affidatario dei figli con esclusione a priori della possibilità di assegnarla a entrambi i genitori pur vigendo le condizioni per consentire agli stessi di poter utilizzare l'immobile comodamente senza conflitti particolari.

Infatti, è possibile ottenere, già davanti al Presidente del Tribunale l'assegnazione della casa a entrambi i coniugi quando il fabbricato è comodamente divisibile in due alloggi, uno al primo piano e l'altro al pianterreno, con indipendenza delle due parti e dei relativi servizi.

In questo modo è possibile tenere conto delle esigenze sia del coniuge affidatario dei figli, sia dell'altro coniuge. Chi scrive si è sempre battuto tenacemente contro la superiore prassi, spesso dovuta a superficialità e indifferenza di qualche giudice, che dopo una semplice lettura degli atti di causa assegna la casa coniugale generalmente alla moglie con i figli, senza tenere conto minimamente dei disagi e delle difficoltà dell'altro coniuge.

Ricordo una separazione giudiziale iniziata nell'anno 2002 davanti a un Tribunale del distretto giudiziario della Corte di Appello di Catania, promossa dalla moglie per "il carattere violento e collerico del marito".

Tuttavia, nel ricorso, non era stato allegato nessun certificato medico delle presunte lesioni subite nel passato, né tantomeno indicati testi per confermare liti o aggressioni; il marito si costituiva in giudizio con la mia assistenza, confutando le presunte colpe e dimostrando, anzi, l'esistenza di una relazione extra-coniugale della moglie, con l'aiuto di un bravo detective. Nonostante ciò, il Giudice Istruttore della causa, concedeva alla moglie l'uso esclusivo della casa coniugale e affidava alla stessa il figlio minore, senza tenere minimamente conto della possibilità della comoda divisione dell'immobile, costringendo lo sfortunato marito a cercare un alloggio in locazione.

A differenza del passato, non è più possibile impugnare le ordinanze del giudice istruttore davanti al Collegio (cioè al Tribunale composto da tre giudici), dovendo subire sino alla conclusione del giudizio di primo grado gli effetti dannosi di un provvedimento del giudice incaricato di istruire la causa. Il Tribunale collegiale, (in realtà principalmente il Giudice che ha seguito l'intera causa di separazione) alla fine, pronunciava una sentenza salomonica, senza addebito di colpa a nessuno dei coniugi, mantenendo inalterati gli effetti dell'assegnazione della casa e dei figli alla moglie.

Il marito scoraggiato voleva abbandonare tutto, ma il sottoscritto non demordeva e presentava immediato appello, riuscendo a ottenere, con una breve istruttoria della causa, l'assegnazione della casa a entrambi i coniugi, previa presentazione di modifica del fabbricato, realizzandovi due ingressi separati, con la possibilità dell'affido condiviso dei figli. Dopo sei anni di battaglie il marito è riuscito quindi a ottenere in condivisione l'assegnazione della casa.

Anche la casa familiare abitata, in virtù di un contratto di locazione può essere oggetto di assegnazione: la legge sulla disciplina delle locazioni di immobili urbani, comunemente conosciuta come legge sull'equo canone, già all'art. 6 prevedeva che nell'ipotesi di separazione giudiziale, scioglimento del matrimonio e divorzio, il coniuge affidatario ha il diritto di succedere all'altro coniuge eventuale intestatario del contratto di locazione.

Stesso diritto veniva riconosciuto in caso di separazione consensuale o di nullità del matrimonio, quando i coniugi avessero raggiunto tale accordo. La Suprema Corte ha sempre riconosciuto tale diritto al coniuge affidatario, estendendolo anche ai conviventi *more uxorio* con figli naturali nati dalla loro stabile relazione.

Solo nell'ipotesi in cui il contratto di locazione sia scaduto prima della separazione, non è opponibile ai terzi, in caso contrario è opponibile anche agli acquirenti dell'immobile. Nella prassi, sono frequenti i casi in cui il nucleo familiare utilizza come abitazione un alloggio concesso in comodato gratuito dai nonni o dai genitori dei coniugi e talvolta anche da terzi estranei.

Generalmente il coniuge affidatario che ottiene l'assegnazione della casa familiare subentra nel contratto di comodato anche se concesso dai genitori dell'altro coniuge e il contratto rimane soggetto alla stessa disciplina già vigente prima della separazione. Pertanto, in tutti i casi in cui non sia stato indicato un termine di scadenza (ipotesi di comodato cosiddetto precario), il comodatario è tenuto a restituire al comodante (cioè al proprietario) l'alloggio, dopo la notifica di una formale richiesta entro un congruo termine che può essere di circa sei o dodici mesi.

Quando il titolo di godimento dell'immobile è costituito dal comodato, si suggerisce al coniuge più debole di cautelarsi, pretendendo l'apposizione di un termine al contratto, per non dover subire la richiesta di restituzione e trovarsi senza un comodo alloggio, alla ricerca disperata di una casa in locazione con l'onere di un canone mensile.

Per ottenere l'opponibilità ai terzi del provvedimento di assegnazione è necessario provvedere alla trascrizione nei registri immobiliari, preferibilmente incaricando lo stesso avvocato che ha curato la separazione, oppure un'agenzia di servizi, per evitare che gli acquirenti dell'immobile, ignorando in buona fede l'assegnazione, siano liberi da ogni vincolo.

Anzi, per una tutela più efficace si consiglia di trascrivere tempestivamente il ricorso per ottenere l'assegnazione della casa coniugale, al fine di ottenere l'opponibilità del provvedimento ai terzi acquirenti, che potrebbero acquistare nel frattempo diritti sull'immobile oggetto dell'assegnazione.

Nella pratica sono frequenti i tentativi del coniuge proprietario di liberarsi in modo artificioso e ingannevole della casa per non dover concedere l'assegnazione dell'immobile all'altro coniuge. A parte le vendite effettive anche con prezzi irrisori, viene utilizzata la simulazione di contratto di alienazione in favore di terzi compiacenti, intestatari solo sulla carta, che si prestano a tale frode per amicizia o per trarre dei vantaggi economici in danno del coniuge economicamente più debole.

Per salvaguardare i propri diritti e quelli dei figli minori il coniuge danneggiato può esercitare tramite il proprio difensore di fiducia l'azione revocatoria ordinaria prevista dal codice civile all'articolo 2901 per ottenere l'annullamento degli atti di disposizione compiuti dall'altro coniuge proprietario prima del provvedimento giudiziale di assegnazione della casa familiare.

Il coniuge danneggiato deve dare la prova che l'altro coniuge in concorso con il presunto acquirente fossero coscienti del *consilium fraudis* (termine latino per indicare la consapevolezza di porre in essere una frode sostanziale e processuale in danno dell'altro coniuge) e l'accordo reciproco di entrambi finalizzato proprio a consentire al coniuge proprietario di spogliarsi del bene per non metterlo a disposizione dei figli e del coniuge affidatario.

La prova di tale accordo fraudolento può essere raggiunta dimostrando ad esempio che dopo un periodo di gravi contrasti in famiglia, pochi giorni prima della presentazione del ricorso per la separazione il coniuge proprietario ha stipulato un atto di compravendita con un terzo compiacente, spesso nell'ambito delle conoscenze, dimostrando anche l'inesistenza o la mancanza di trasparenza nei movimenti bancari.

Infine, si segnala al lettore l'utilizzo di un altro strumento giuridico nelle more della pronuncia di assegnazione della casa familiare: il ricorso ex art. 700 cpc., denominato nella prassi provvedimento d'urgenza con il sequestro dell'immobile.

Trattandosi di provvedimenti "cautelari" la concessione è subordinata a due requisiti: il *fumus boni iuris* (cioè l'esistenza concreta del diritto minacciato) e il *periculum in mora* (cioè la probabilità concreta e verosimile che il diritto venga minacciato o vanificato durante il periodo della causa ordinaria).

Nella prassi di qualche Tribunale, quest'ultimo provvedimento viene ostacolato ma spetta al Difensore agire con decisione e fermezza provando che il coniuge più debole avrà l'affidamento della prole presso di sé anche nell'ipotesi di affidamento condiviso e che l'altro coniuge si sta muovendo in modo fraudolento per liberarsi dell'immobile, tramite prove testimoniali o di persone informate sui fatti. Vorrei raccontare brevemente una vicenda, che ha avuto come protagonista una giovane signora quarantenne con tre figli, vittima di un marito privo di scrupoli e di sentimenti anche nei confronti dei propri figli.

Può sembrare una storia ordinaria che potrebbe lasciare indifferenti, se paragonata agli episodi di violenza quotidiana, cui ci hanno abituato i mass-media, annullando progressivamente ogni istinto di rabbia e di reazione.

Una famiglia vive tranquilla per tanti anni, sino a quando il marito, per motivi di lavoro, pernotta ogni fine settimana fuori di casa in un elegante albergo di Palermo, dove conosce una giovane donna di origine slava. I due diventano amanti e il marito si invaghisce a tal punto da dimenticare la moglie e i figli, privandoli del necessario per vivere.

La moglie chiede aiuto alla famiglia e ai parenti per convincere il marito a ritornare sui propri passi, perdendo del tempo prezioso, a vantaggio del marito che, con accordi in frode alla legge, si libera delle sue quote della società, che gestisce una grossa attività commerciale, trasferendo anche il 50% della casa alla nuova compagna, che la acquista fittiziamente. La moglie si rivolge al mio studio per ottenere almeno il mantenimento dei tre figli e l'uso dell'automobile per potersi spostare e cercare un lavoro.

Per tutta risposta il marito, tramite la nuova compagna chiede l'immediata divisione giudiziale della casa già coniugale, iscrivendosi nelle liste dei disoccupati, lavorando senza regolare contratto. Senza indugio, presento un ricorso cautelare, indicando diversi testi a conoscenza dell'inganno perpetrato dal marito, chiedendo l'intervento della guardia di finanza per il controllo di tutti i movimenti bancari e anche del finto acquirente e della compagna. Riusciamo nell'intento e otteniamo provvisoriamente la nomina di un custode giudiziario e l'assegnazione di una somma mensile in favore dei figli minori in corso di causa; la compagna, su suggerimento del nuovo compagno, richiede e ottiene da una finanziaria un grosso prestito, licenziandosi per non pagare le rate e indurre la società a pignorare la metà della casa.

Il contenzioso si allarga con la presenza di un'agguerrita società, che non vuole mollare per ottenere quanto dovuto; per non perdere la casa, la moglie, con l'aiuto degli anziani genitori, versa una parte del debito, accollandosi il residuo in attesa delle pronunce del Tribunale nei confronti dell'ex marito.

I giudici incaricati, grazie alle prove acquisite e alle laboriose indagini del nucleo di polizia tributaria, accolgono tutte le richieste della moglie che, dopo tante peripezie e tribolazioni trova di nuovo un'apparente tranquillità, subito interrotta dalle persecuzioni e dalle continue minacce dell'ex marito, che pretende la restituzione di una buona parte del denaro.

Presentiamo tempestivamente una denuncia alla polizia per *stalking* e dopo alcuni controlli e verifiche, il GIP (giudice per le indagini preliminari) dispone, con ordinanza di custodia cautelare, l'arresto del marito violento e la traduzione dello stesso in carcere.

Da questa breve storia, si può trarre un insegnamento fondamentale: nella fase di crisi coniugale non bisogna perdere tempo o cercare l'aiuto di persone inesperte, ma rivolgersi a strutture professionali e a un avvocato esperto ed efficiente che sappiano gestire adeguatamente la situazione e l'emergenza.

L'articolo 155 - quater c.c. elenca le cause che fanno venire meno il diritto di assegnazione e in particolare quando l'assegnatario:
- Smette di abitare nella casa;
- Convive con un nuovo compagno;
- Contrae nuovo matrimonio.

Tuttavia, la revoca non è automatica, perché deve essere chiesta con ricorso dall'altro coniuge e il giudice decide tenendo conto dell'interesse del minore.

SEGRETO n. 12: la casa coniugale viene affidata generalmente al coniuge presso cui sono collocati i figli minori, indipendentemente dal titolo di proprietà.

Dopo una lunga e travagliata attesa sono cambiate le regole di affidamento dei figli in caso di separazione tra i genitori, anche per le coppie non sposate. La riforma ha riequilibrato in modo evidente la posizione dei coniugi con una rivalutazione dell'elemento maschile del matrimonio, dopo la connotazione femminile imposta dalla riforma del 1970 con la legge sul divorzio.

Se un tempo non poteva negarsi che le madri erano, essenzialmente, casalinghe e potevano, più dei padri, occuparsi a tempo pieno dei figli nell'importante (e insostituibile) attività di cura, educazione e istruzione della prole, oggi è consuetudine che entrambi i genitori lavorino fuori casa e a tempo pieno. Il legislatore ha cercato di rimediare a un anacronismo di cui i giudici non potevano non tener conto, cioè l'assurdità della figura del padre relegato a genitore del tempo libero (e non del quotidiano).

Nei Tribunali, dunque, dovrà cambiare la cultura dell'affido che finora, in base ai dati ISTAT, ha visto affidare i figli nell'84% dei casi alle mamme, nel 3,8% ai padri e solo nell'11,9% in affido congiunto o alternato. Il provvedimento, almeno in linea teorica, costituisce insomma una vera rivoluzione copernicana, poiché manda in pensione il concetto di ruolo predominante della madre e stabilisce la regola della bi-genitorialità, anche dopo la crisi della coppia.

Per effetto della separazione personale dei genitori, non consegue necessariamente, come nella precedente disciplina, la separazione di uno dei genitori dai figli, affinché il fallimento come coppia non comporti necessariamente il fallimento come genitori. Non ci sono più vincitori né vinti, come finora sanciti in una udienza di tre minuti o poco più, a vantaggio del crollo di conflittualità.

La nuova legge, sulla scorta dell'esperienza maturata in molti paesi europei, prevede, infatti, come regola generale e di partenza, l'affidamento dei figli a entrambi i genitori, anche se il giudice, con provvedimento motivato, può ancora disporre l'affido esclusivo a uno di essi, solo quando ci sono dei fatti impeditivi di una certa rilevanza.

Restano aperti i molti dubbi applicativi, soprattutto in tema di esercizio in concreto dell'affidamento condiviso tra genitori "immaturi", l'obbligo più frequente di ricorrere all'intervento del giudice per la risoluzione dei contrasti, la difficoltà di esercitare la condivisione dei compiti in città molto grandi e in caso di distante residenza tra i genitori, nel ruolo dei "mediatori familiari", sulla maggiore complessità della procedura (anche in termine di costi) e sul carattere perequativo dell'assegno di mantenimento; tutti problemi che dovranno passare l'esame della prova pratica e giurisprudenziale.

Intanto, si attendono, a seguito dell'entrata in vigore del provvedimento, una valanga di ricorsi da parte di chi è già separato o divorziato. Il giudice deve valutare prioritariamente la possibilità che i figli minori siano affidati a entrambi i genitori, fissando la misura e le modalità di presenza presso ciascun genitore e il modo nel quale ciascuno di essi deve contribuire al mantenimento, alla cura, all'istruzione e all'educazione dei figli. Il Tribunale non dovrà più scegliere tra uno dei due genitori, ma prescrivere le concrete modalità di frequentazione. Il minore avrà il diritto effettivo di mantenere un rapporto equilibrato e continuativo con ciascun genitore.

Quello che finora era la regola, oggi diviene l'eccezione: l'affidamento dei figli a uno solo dei genitori può essere disposto solo se l'affidamento condiviso sia contrario all'interesse del minore (es.: indegnità o incapacità) e il giudice è obbligato a motivare adeguatamente la decisione. Per questa scelta del giudice non può bastare il solo contrasto tra i genitori, poiché difficilmente è ipotizzabile in pratica, una separazione dei coniugi che non sia accompagnata da dissapori reciproci. Ciascuno dei genitori può chiedere l'affidamento esclusivo ma anche se il giudice accoglie l'istanza, impone il diritto del minore a mantenere un rapporto equilibrato con entrambi i genitori.

Se la domanda viene respinta, ci sono conseguenze sfavorevoli per chi ha accusato l'altro coniuge senza il supporto di prove concrete. La potestà parentale (un tempo "patria potestà") è esercitata da tutti e due i genitori: ma solo le scelte più importanti per i figli (scelta del medico, della scuola ecc.), saranno obbligatoriamente congiunte e, tenendo conto delle capacità, dell'inclinazione naturale e delle aspirazioni dei figli. In caso di disaccordo la decisione spetta al Giudice.

Sulle questioni di ordinaria amministrazione, il giudice può decidere che i genitori esercitino la potestà separatamente (dunque anche il padre può decidere autonomamente della vita dei figli).

SEGRETO n. 13: la recente legislazione privilegia l'affido condiviso dei figli, senza preferenze alcune tranne casi eccezionali (problemi di droga, di salute, di gravi precedenti penali ecc.) che inducono il Tribunale all'assegnazione esclusiva ad un coniuge con un ruolo marginale dell'altro coniuge.

In caso di trasferimento della residenza, che possa interferire con l'affidamento condiviso, ed è manifestamente tesa a rendere impossibile o eccessivamente difficoltosa la presenza dell'altro genitore, questo può chiedere la modifica degli accordi sull'affidamento, ivi compresi quelli economici, in caso di separazione consensuale, ovvero la revisione di quanto statuito dal giudice, depositando apposita istanza al Tribunale.

Il diritto al godimento viene meno se l'assegnatario:

1) Smette di abitare nella casa;

2) Convive con un nuovo compagno;

3) Contrae nuovo matrimonio.

Tuttavia, la revoca non è automatica ma deve essere chiesta con ricorso dall'altro coniuge e il giudice decide tenendo conto dell'interesse del minore. Salvo accordi diversi liberamente sottoscritti dalle parti, ciascun genitore provvede al mantenimento dei figli in misura proporzionale al proprio reddito. Si parla cioè di "mantenimento diretto", dove ognuno partecipa per alcune voci di spesa. Il giudice, ove stabilisca un assegno di mantenimento deve tener conto:

1) Delle attuali esigenze del figlio;

2) Del tenore di vita del minore quando i genitori convivevano;

3) Dei tempi di permanenza presso ciascun genitore;

4) Delle risorse economiche dei genitori;

5) Della valenza economica dei compiti domestici e di cura assunti da ciascun genitore.

L'assegno assume dunque un'importanza minore e solo di bilanciamento dei diversi redditi, poiché entrambi i genitori contribuiscono direttamente ai bisogni di spesa ordinaria. Quanto meno vengono stabiliti dei criteri a cui il giudice deve adeguarsi (si vocifera addirittura di tabelle nazionali), mettendo fine alla discrezionalità assoluta delle decisioni prese dal Tribunale, e alle ingiustificate prevaricazioni.

La nuova normativa tutela in maniera incisiva il diritto dei nonni e dei parenti di ciascun ramo genitoriale di mantenere rapporti significativi con i minori. Pertanto non saranno omologate quelle separazioni che comportino il divieto di frequentare i parenti dell'uno o dell'altro genitore.

Il minore che abbia compiuto 12 anni, potrà essere sentito dal giudice per riferire sui rapporti con i propri genitori. Il giudice ha facoltà di ascoltare il minore anche se di età inferiore, ma solo se capace di dimostrare un certo discernimento. L'obbligo di mantenimento non si proroga di diritto per i figli maggiorenni, ma è legato alla non autonomia economica degli stessi. Il giudice può disporre il pagamento di un assegno periodico, da versarsi direttamente al ragazzo maggiorenne.

Nel caso di figli maggiorenni, tuttavia, una nuova corrente giurisprudenziale ha disposto la perdita del diritto all'assegnazione della casa in caso di convivenza del genitore affidatario con un'altra persona. Contro i provvedimenti disposti con ordinanza dal giudice in materia di assegnazione della casa o di affidamento si può proporre ricorso alla Corte d'Appello, che decide in camera di consiglio.

SEGRETO n. 14: cercate in ogni modo di raggiungere un accordo per l'uso della casa coniugale senza interferenze, rinunciando a fare valere i propri diritti per debolezza e sciatteria, delegando ogni relativa decisione ai giudici.

I genitori hanno diritto a chiedere la modifica delle disposizioni di affidamento dei figli, l'attribuzione dell'esercizio della potestà su essi e sulle disposizioni relative alla misura e alla modalità del contributo di mantenimento. Si può chiedere l'applicazione del provvedimento sull'affido condiviso a modifica dell'affidamento esclusivo nei casi in cui sia già stato emesso il decreto di omologa dei patti di separazione consensuale, la sentenza di separazione giudiziale, di scioglimento, di annullamento o di cessazione degli effetti civili del matrimonio, nonché ai procedimenti relativi ai figli di genitori non coniugati.

La nuova normativa ha previsto delle sanzioni a carico dei genitori inadempienti: per gravi violazioni che ostacolino il corretto svolgimento delle modalità di affidamento, il giudice può ammonire il genitore inadempiente, disporre il risarcimento dei danni in favore del minore o dell'altro coniuge o condannare il genitore inadempiente al pagamento di una sanzione amministrativa da 75 a 5.000 euro in favore della Cassa ammende.

Già la Corte di Cassazione ha affermato che non possono essere ritenuti idonei all'affidamento condiviso i genitori che non rispettano gli obblighi di mantenimento, ovvero si disinteressano dei figli, rinunciando di fatto al diritto di visita degli stessi, dimostrando in tal guisa di non riuscire a reggere una maggiore responsabilità. Pertanto il genitore che si sottrae sistematicamente agli obblighi di mantenimento, oppure dimostra un totale disinteresse nei confronti dei figli, astenendosi per lunghi periodi dalle visite, perde il diritto all'affidamento condiviso.

Con una certa frequenza nella prassi, il genitore affidatario del figlio minore, generalmente la madre, viene denunciato dall'altro genitore quando il figlio "rifiuta" di vederlo nei giorni stabiliti dal giudice. Il codice penale italiano all'articolo 388 prevede che si applichi la pena della reclusione fino a tre anni o della multa da 103 a 1032 euro «A chi elude l'esecuzione di un provvedimento del giudice civile, che concerna l'affidamento di minori o di altre persone incapaci».

Il reato, nonostante non preveda una sanzione pesantissima (in quanto nella prassi giudiziaria statisticamente viene applicata la pena pecuniaria) è tuttavia procedibile d'ufficio; non occorre quindi necessariamente la proposizione di una querela, anche se concretamente spesso l'iniziativa penalistica prende le mosse da un'attività positiva del coniuge non affidatario, che si presume leso nei propri diritti.

Inoltre, la locuzione *provvedimento del giudice civile*, è comprensiva di qualunque provvedimento del giudice civile, sia esso sentenza, ordinanza o decreto (quindi anche il decreto di omologazione della separazione personale è compreso nella categoria). In sede di separazione o di divorzio i coniugi, con l'omologazione della separazione consensuale o il giudice, attraverso il suo potere decisionale, stabiliscono fra le altre cose anche a chi debbano essere affidati i figli minori e regolamentano il così detto diritto di visita del coniuge non affidatario.

Risulta, quindi, evidente che il coniuge affidatario gode di un potere non indifferente e quindi la pressione psicologica del diritto penale può, in una materia così delicata, avere dei risultati positivi, in quanto determina una coazione indiretta, volta a costringere a collaborare colui che è obbligato a tenere un determinato comportamento.

Gli elementi da tenere in considerazione sono vari. Partendo dalla condotta del genitore affidatario occorre precisare che la Cassazione ha a più riprese affermato che la condotta omissiva (sanzionata dal Codice Penale) può consistere anche semplicemente in un "non fare", cioè nell'atteggiamento di totale disinteresse.

In pratica, ciò che viene generalmente richiesto al coniuge affidatario per ottemperare al provvedimento del giudice, non è una semplice passiva disponibilità, ma piuttosto una fattiva e leale collaborazione, nell'interesse ovviamente del figlio minore che ha il diritto di crescere anche con la figura del genitore non affidatario. Questa considerazione è decisiva; spesso, infatti, il coniuge affidatario si difende dall'accusa, sostenendo che in realtà è il figlio stesso che non ha intenzione di vedere il genitore non affidatario.

Ora, a prescindere dal fatto che indubbiamente un figlio non è un oggetto e non può essere certamente costretto a tenere dei comportamenti che non desidera, può effettivamente accadere che ciò venga considerata una causa di esclusione della colpevolezza.

La personalità del minore, cioè, ha un peso e nemmeno indifferente. Tuttavia per il genitore affidatario, alla luce di svariati precedenti giurisprudenziali, non sarà sufficiente portare alla conoscenza del giudice la presunta mancanza di disponibilità del figlio minore; potrebbe, infatti, emergere che il sentimento di avversione del figlio nei confronti del genitore non affidatario è sorto per via della perversa e continua opera di persuasione operata dal coniuge affidatario, volta a suscitare nel figlio un atteggiamento di avversione verso l'altro coniuge e quindi in questi casi sussisterebbe legittimamente la sua responsabilità penale.

Altro fattore decisivo è poi l'età del figlio minore; il rifiuto di vedere il genitore non affidatario (che può eliminare l'antigiuridicità della condotta del genitore affidatario) ha un peso ovviamente diverso a seconda della maturazione del figlio minore; la consapevolezza volitiva e intellettiva, che cresce con l'età, finisce per restringere le ipotesi di responsabilità penale del coniuge affidatario.

La Cassazione penale ha ritenuto spesso responsabile la madre affidataria dei figli minori quando non adotta quei comportamenti strettamente indispensabili a consentire l'esercizio effettivo del diritto di visita al padre, non fornendo in buona fede quella cooperazione, che è sempre necessaria per garantire l'esecuzione dell'ordinanza del giudice.

Per evitare di giungere a conclusioni fuorvianti, specifico che la Cassazione ha ritenuto che il genitore affidatario possa, in determinati casi, non cooperare con il genitore esercente il diritto di visita e, in particolare, se questa scelta asseconda la volontà del minore di non avere contatti con l'altro genitore.

Per completezza va detto che rendersi responsabili del reato di cui si tratta, può avere anche conseguenze sul piano civile e, quindi, monetario-risarcitorio. I giudici di merito hanno infatti sancito che, qualora il coniuge/genitore separato o divorziato e affidatario della prole, impedisca sistematicamente e per lungo tempo, senza alcun vero e adeguato motivo, al genitore non affidatario di visitare i figli e di permanere con essi, malgrado questi abbia esperito ogni mezzo per instaurare e mantenere con loro il rapporto parentale e abbia sempre adempiuto all'obbligo di mantenimento, la condotta del genitore affidatario arreca all'altro genitore non affidatario danni morali e biologici risarcibili, anche quando l'azione è promossa dal figlio minore leso nel suo diritto agli "affetti". In questi casi, viene nominato al minore un curatore speciale, sussistendo un palese conflitto di interesse con il genitore affidatario.

Riepilogando, il rimedio efficace per indurre il coniuge affidatario refrattario a rispettare i diritti di visita e di permanenza dell'altro coniuge, è la denuncia penale per cui non necessita l'intervento di un legale, potendosi rivolgersi alla Polizia di Stato, ai Carabinieri o alla Polizia Municipale.

Sull'argomento è opportuno fare chiarezza anche per i casi frequenti nella prassi di violazione del diritto-dovere di frequentazione e di visita dei genitori non conviventi e non affidatari.

Infatti, non a caso ho usato l'espressione diritto-dovere, in quanto il coniuge non affidatario o non convivente è convinto di esercitare solo un diritto riconosciuto nel decreto di omologazione o nella sentenza di separazione, potendo decidere a suo piacimento se andare o meno dai figli minori nei giorni stabiliti. Invece si tratta anche di un preciso dovere, che trova già il fondamento nell'articolo 30 della Costituzione e nella legge ordinaria, dove si impone a entrambi i coniugi il dovere di impegnarsi e adoperarsi per mantenere un rapporto costante e continuo, che si avvicini il più possibile a quello preesistente la crisi familiare, per garantire ai figli il fondamentale diritto alla bi-genitorialità.

Purtroppo, in diversi casi i genitori non affidatari o non conviventi, consapevolmente decidono di disinteressarsi dei figli minori con lunghe assenze, convinti che possono abbandonare i loro figli minori alle cure dell'altro genitore, non avendo nessun obbligo se non quello di contribuire al mantenimento.

Per sgomberare il campo da ogni equivoco, si fa presente che la Cassazione civile, sin dall'anno 1980, ha affermato che l'esercizio del diritto di visita e frequentazione è non solo un diritto ma anche un preciso dovere da inquadrare nella solidarietà degli oneri verso i figli.

Conseguentemente, la Cassazione penale ha ritenuto responsabili penalmente i genitori che si sottraggono spontaneamente a tale dovere, applicando l'articolo 388 del codice penale che punisce la dolosa mancata esecuzione di un provvedimento del giudice.

In questo modo si tutelano non solo i minori ma anche l'altro coniuge, che spesso è costretto da solo con molti sacrifici e privazioni a occuparsi dei figli assumendosi tutti gli oneri relativi. In questi casi il coniuge affidatario non deve subire passivamente, ma deve denunciare i fatti tempestivamente all'autorità giudiziaria.

SEGRETO n. 15: alle prime avvisaglie di crisi coniugale, chiedere l'aiuto di persone e difensori competenti per tutelarsi contro frodi o inganni dell'altro coniuge.

Da circa un decennio, la Giurisprudenza ha riconosciuto la necessità di tutelare anche i rapporti tra i nonni e i parenti con i nipoti durante e dopo la crisi del rapporto dei genitori di quest'ultimi. Successivamente, con la riforma del 2006 è stato sancito il diritto dei minori a mantenere rapporti significativi con gli ascendenti (cioè i nonni) e i parenti di ciascun ramo genitoriale.

Tuttavia, manca un a norma esplicita che tutela i nonni nel caso in cui uno dei genitori, generalmente quello affidatario, ostacola la frequentazione e il diritto di visita dei nipoti. In merito a tale problematica molti giudici di merito non hanno voluto ammettere l'utilizzo del provvedimento di urgenza dichiarando l'inammissibilità dei ricorsi presentati dai nonni anche sulla base della necessità di tutelare l'interesse dei minori per un'ottimale integrazione della propria personalità nell'ambito della parentela.

Pertanto si raccomanda ai coniugi durante il giudizio di separazione di prevedere e garantire anche ai nonni il diritto di frequentazione dei nipoti, inserendolo espressamente nel provvedimento giudiziale, tranne quei rari casi che escludano l'opportunità di tale rapporti. In mancanza di un provvedimento del giudice, i nonni possono agire in giudizio ma solo nell'interesse dei minori per consentire agli stessi di mantenere buoni rapporti con i parenti per non compromettere il loro equilibrio psicologico e affettivo.

È importante rispettare gli accordi ovvero i provvedimenti del giudice per non incorrere in denunce penali e cause estenuanti e costose; valutare con il proprio difensore la possibilità concreta di ottenere la modifica dei provvedimenti emessi in materia di assegnazione della casa e dei figli, nonché di assegno di mantenimento, anziché agire di testa propria e procedere ad arbitrarie modifiche o riduzioni.

RIEPILOGO DEL CAPITOLO 4:

- SEGRETO n. 12: La casa coniugale viene affidata generalmente al coniuge presso cui sono collocati i figli minori, indipendentemente dal titolo di proprietà.

- SEGRETO n. 13: La recente legislazione privilegia l'affido condiviso dei figli senza preferenze alcune tranne casi eccezionali (problemi di droga, di salute, di gravi precedenti penali ecc.), che inducono il Tribunale all'assegnazione esclusiva a un coniuge, con un ruolo marginale dell'altro coniuge.

- SEGRETO n. 14: Cercate in ogni modo di raggiungere un accordo per l'uso della casa coniugale senza interferenze, rinunciando a far valere i propri diritti per debolezza e sciatteria, delegando ogni relativa decisione ai giudici.

- SEGRETO n. 15: Alle prime avvisaglie di crisi coniugale, chiedere l'aiuto di persone e difensori competenti per tutelarsi contro frodi o inganni dell'altro coniuge.

CAPITOLO 5:
Come ottenere il divorzio

Dopo la separazione, sia consensuale che giudiziale è sempre possibile la riconciliazione tra i coniugi. Questa eventualità è disciplinata analiticamente dalla legge, sia prima che dopo il passaggio in giudicato della sentenza, ovvero del decreto di omologazione (nell'ipotesi di separazione consensuale).

Infatti, se la causa è ancora in corso, è sufficiente l'abbandono della domanda di separazione; quando il giudizio è già concluso, per la riconciliazione non è richiesta alcuna formalità particolare di pubblicità.

Non è, infatti, necessario l'intervento del giudice, essendo sufficiente un'espressa dichiarazione solo dei coniugi. La riconciliazione può essere tacita: è cioè effettuata con comportamenti che siano obiettivamente incompatibili con lo stato di separazione, oppure può essere espressa, cioè effettuata attraverso una scrittura per mezzo della quale i coniugi dichiarano la volontà relativa alla riconciliazione, generalmente al comune di residenza, per la modifica dello stato di famiglia.

Nel primo caso, è sufficiente la ripresa della convivenza o l'atteggiamento di riavvicinamento, tale da determinare l'inequivocabile e volontario ripristino del consorzio familiare, mediante la restaurazione della comunione materiale e spirituale tra i coniugi, cessata in precedenza con la separazione.

In mancanza della riconciliazione, bisogna fare luce su una prassi fonte spesso di spiacevoli equivoci: sotto il profilo patrimoniale quando si parla di scioglimento della comunione durante la separazione, si indica in realtà solo una fase transitoria, da non confondere con la divisione automatica dei beni mobili registrati e di tutti gli immobili dei coniugi separati.

Infatti, dallo scioglimento della comunione, discende il solo effetto pratico dell'acquisto separato dei beni che vengono attribuiti solo al coniuge che effettua l'operazione di compravendita, mentre tutti i beni acquistati in precedenza restano in regime di comunione transitorio atipico.

Tuttavia, prima di procedere alla divisione, è necessario provvedere ai rimborsi e alle restituzioni previsti dal codice civile. Le restituzioni riguardano tutte le somme prelevate dal patrimonio personale utilizzate per spese e investimenti del patrimonio comune, come ad esempio quelle utilizzate per ristrutturare la casa coniugale, di proprietà di entrambi i coniugi.

Inoltre, ciascun coniuge ha diritto a ripetere, cioè a ottenere, il rimborso in denaro del valore dei beni immobili provenienti dal singolo patrimonio prima del matrimonio e conferiti nella comunione. Infine, prima di procedere alla divisione, i coniugi hanno il diritto di prelevare tutti i beni mobili conferiti nella comunione, provenienti da donazioni o eredità.

A proposito del denaro presente al momento dello scioglimento: la Suprema Corte ha stabilito che va ripartito in parti uguali, indipendentemente dalla provenienza personale o comune dei coniugi. Dopo le superiori attività di restituzione e conguaglio, si procede alla vera e propria separazione. I coniugi separati possono mantenere il loro stato liberamente, non essendo obbligatorio richiedere il divorzio.

Tuttavia è opportuno regolarizzare tale situazione transitoria, in quanto permangono, per legge, alcuni effetti patrimoniali in materia di successione e alcuni limiti inderogabili di status (impossibilità di contrarre un nuovo matrimonio).

Il coniuge cui è stata addebitata la separazione con sentenza passata in giudicato, ha diritto, invece, soltanto a un assegno vitalizio se al momento dell'apertura della successione godeva degli alimenti a carico del coniuge deceduto. L'assegno è commisurato alle sostanze ereditarie e alla qualità e al numero degli eredi legittimi, e non è comunque di entità superiore a quella della prestazione alimentare goduta. La medesima disposizione si applica nel caso in cui la separazione sia stata addebitata a entrambi i coniugi.

Giuridicamente, l'assegno in questione è un legato e quindi non è necessaria l'accettazione, a meno che sia indispensabile procedere alla trascrizione per cui serve l'accettazione con atto pubblico o scrittura privata. Il legato ha natura alimentare e mantiene la stessa funzione che aveva l'assegno alimentare durante il matrimonio e quindi deve permanere lo stato di bisogno del coniuge separato. Lo scopo della legge è quello di tutelare chi si trova in difficoltà e non chi è completamente autosufficiente. In caso di contestazione da parte degli eredi, che ad esempio possono dimostrare la mancanza di difficoltà economiche del coniuge separato alla morte dell'obbligato il coniuge superstite non riceverà nulla se effettivamente è in grado di provvedere a se stesso; in questa ipotesi il diritto non si perde ma rimane in quiescenza, in quanto successivamente se le sue condizioni economiche peggioreranno potrà fare ancora valere il suo diritto nei confronti degli eredi e il suo sarà un credito di valore, cioè soggetto a rivalutazione economica secondo gli indici ISTAT.

Il coniuge separato deve dimostrare il suo stato di indigenza e la mancanza di redditi adeguati per far fronte allo stato di bisogno; chi si oppone ha invece l'onere di dimostrare il contrario e quindi la disponibilità di un reddito anche derivante da attività lavorativa "in nero" svolta dal coniuge sia in proprio o per conto di terzi.

Tuttavia le parti possono trovare un accordo anche stragiudiziale senza cioè ricorrere al giudice sia sull'importo da corrispondere sia sulle modalità di pagamento, senza potere comunque stipulare una vera e propria transazione, trattandosi di una materia esclusa per legge poiché riguarda diritti indisponibili.

Per completezza sull'argomento, bisogna aggiungere che il coniuge indegno, cioè ad esempio il marito o la moglie che hanno ucciso o tentato di uccidere il compagno o la compagna, non hanno diritti di successione. Tale indegnità non opera automaticamente ma deve essere fatta valere da chiunque vi abbia interesse e comunque entro il termine massimo di prescrizione di dieci anni dall'apertura della successione, trascorso il quale l'indegno non può più essere escluso dalla successione.

Solo il divorzio è l'istituto giuridico che permette lo scioglimento o la cessazione degli effetti civili del matrimonio quando tra i coniugi è venuta meno la comunione spirituale e materiale di vita ed essa non può essere in nessun caso ricostituita. Si parla di scioglimento qualora sia stato contratto matrimonio con rito civile e di cessazione degli effetti civili, qualora sia stato celebrato matrimonio concordatario. Anche il procedimento di divorzio può seguire due percorsi alternativi, a seconda che vi sia o meno consenso tra i coniugi:

- **divorzio congiunto**: quando c'è accordo dei coniugi su tutte le condizioni, in questo caso il ricorso è presentato congiuntamente da entrambi i coniugi;

- **divorzio giudiziale**: quando non c'è accordo sulle condizioni, in questo caso il ricorso può essere presentato anche da un solo coniuge.

Il divorzio si differenzia dalla separazione legale in quanto con quest'ultima i coniugi non pongono fine definitivamente al rapporto matrimoniale, ma ne sospendono gli effetti nell'attesa di una riconciliazione o di un provvedimento di divorzio. Dunque, gli elementi necessari per richiedere il divorzio sono:

- Il venir meno dell'*affectio coniugalis*, cioè della comunione morale e spirituale;

- La mancanza di coabitazione tra marito e moglie.

Il divorzio è disciplinato dal codice civile (art. 149 c.c.), dalla legge 898/1970 (che ha introdotto l'istituto per la prima volta in Italia) e dalla legge n. 74/1987 (che ha apportato delle modifiche significative alla precedente normativa). Le cause che permettono ai coniugi di divorziare sono tassativamente elencate nell'art. 3

della legge 1970/898 e attengono principalmente a ipotesi in cui uno dei coniugi abbia attentato alla vita o alla salute dell'altro coniuge o della prole, oppure abbia compiuto specifici reati contrari alla morale della famiglia.

Ma la causa statisticamente prevalente che conduce al divorzio è la separazione legale dei coniugi protratta ininterrottamente per almeno tre anni a far tempo dalla prima udienza di comparizione dei coniugi innanzi al presidente del tribunale nella procedura di separazione personale, anche quando il giudizio contenzioso si sia trasformato in consensuale. Per la decorrenza dei tre anni non vale il tempo che i coniugi hanno trascorso in separazione di fatto, senza cioè richiedere un provvedimento di omologa al Tribunale.

Il divorzio può quindi essere richiesto in caso di:

- **separazione giudiziale**: qualora vi sia stato il passaggio in giudicato della sentenza del giudice;
- **separazione consensuale**: a seguito di omologazione del decreto disposto dal giudice;
- **separazione di fatto**: solo se la separazione è iniziata 2 anni prima del 18 dicembre 1970.

Nei primi due casi, tra la comparizione delle parti davanti al Presidente del Tribunale nel procedimento di separazione e la proposizione della domanda di divorzio devono comunque essere trascorsi almeno tre anni.

Con il divorzio, marito e moglie mutano il loro precedente status di coniuge e possono contrarre nuove nozze. La donna perde il cognome del marito e vengono meno i diritti e gli obblighi discendenti dal matrimonio (art. 51, 143, 149 c.c.), la comunione legale dei beni ai sensi dell'art. 191 c.c. (se già non è accaduto in sede di separazione), cessa la destinazione del fondo patrimoniale (art. 171 c.c.) e viene meno la partecipazione dell'ex coniuge all'impresa familiare (art. 230 bis c.c.).

La sentenza di divorzio potrà anche stabilire provvedimenti su questioni patrimoniali, sulla casa familiare, sull'affidamento dei figli e sulla rideterminazione dell'assegno di mantenimento. Nel caso di divorzio giudiziale, qualora non vi sia accordo tra i coniugi sui rapporti patrimoniali, il tribunale può riconfermare le decisioni già adottate in sede di separazione, oppure - a seguito delle prove prodotte dalle parti o dei controlli tributari disposti dallo stesso giudice per valutare la capacità contributiva di ciascun coniuge - può stabilire in merito all'eventuale assegno divorzile e all'affidamento e mantenimento dei figli.

Non si può in alcun modo disporre in ordine alle proprietà esclusive dei coniugi e gli acquisti effettuati autonomamente dall'uno o dall'altro, né i beni di carattere "personale", così come individuati dalla legge, fatto salvo il caso dell'assegnazione dell'abitazione familiare al coniuge affidatario esclusivo della prole, anche se non proprietario del bene.

Non esiste il divorzio consensuale, ma solo il cosiddetto divorzio congiunto, cioè voluto da entrambe le parti. Diversamente dal procedimento di separazione, l'intervento del tribunale è necessario e più incisivo. Infatti, per dichiarare lo scioglimento o la cessazione degli effetti civili del vincolo matrimoniale, l'autorità giudiziaria preposta deve effettuare un controllo sull'effettiva esistenza dei requisiti soggettivi e oggettivi richiesti dalla legge e specificamente:

1) Il venir meno della comunione spirituale e materiale dei coniugi e l'impossibilità di ricostituirla (elemento soggettivo);

2) La presenza di una delle cause di cui all'art. 3 della legge n. 898/1970 (requisito oggettivo).

Naturalmente il giudice, qualora dall'unione matrimoniale siano nati dei figli, è tenuto a valutare, adottare o confermare i provvedimenti relativi alla prole, in considerazione del loro esclusivo e superiore interesse. Nel caso di divorzio congiunto, il procedimento si svolgerà più celermente. Nel caso di divorzio giudiziale, invece, considerati i conflitti che potrebbero insorgere, il procedimento è sempre più complesso e articolato.

Anche nel procedimento di divorzio è possibile che venga emessa sentenza parziale con la quale si pronuncia lo scioglimento o la cessazione degli effetti civili del matrimonio, per poi continuare al fine di regolamentare definitivamente gli aspetti controversi sorti tra i coniugi (ad es. l'importo dell'assegno divorzile).

SEGRETO n. 16: I coniugi separati, se non riescono a riconciliarsi, devono richiedere lo scioglimento del matrimonio, ossia il divorzio, per non subire effetti dannosi dalla separazione, che potrebbe avvantaggiare uno dei due

coniugi separati ai danni della nuova famiglia di fatto.

Nel caso di separazione consensuale tra i coniugi non è richiesta la presenza e l'assistenza di un avvocato. Nel procedimento di divorzio, invece, la possibilità dipende dal tribunale adito. Per il solo caso di divorzio congiunto, infatti, vi sono tribunali che permettono ai coniugi di presentarsi all'udienza personalmente e senza l'assistenza di un avvocato.

Le sedi dei Tribunali che lo permettono, a oggi sono:

Nord Italia

- *Friuli Venezia Giulia*: Gorizia, Tolmezzo, Udine;
- *Lombardia*: Crema, Cremona, Lodi, Sondrio, Varese;
- *Liguria*: Chiavari, Genova, Imperia, La Spezia, Sanremo, Savona;
- *Piemonte*: Aqui Terme, Alba, Alessandria, Asti, Casale, Monferrato, Tortona, Vercelli;
- *Trentino Alto Adige*: Bolzano, Trento, Rovereto.

Centro Italia

- *Abruzzo*: Lanciano, Pescara;

- *Lazio*: Cassino, Civitavecchia, Frosinone, Rieti;
- *Marche*: Ancona, Camerino, Fermo, Urbino;
- *Molise*: Isernia, Larino;
- *Toscana*: Firenze, Grosseto, Massa, Pistoia, Siena.

Sud Italia

- *Calabria*: Reggio Calabria;
- *Campania*: Benevento, S. Angelo dei Lombardi;
- *Puglia*: Bari, Foggia Lecce;
- *Sardegna*: Cagliari, Lanusei, Oristano;
- *Sicilia*: Agrigento, Barcellona Pozzo di Gotto, Enna, Marsala, Modica, Sciacca, Siracusa, Termini Imerese, Trapani.

SEGRETO n. 17: nel nostro ordinamento giuridico è previsto, oltre al divorzio giudiziale, anche il cosiddetto "divorzio consensuale". I coniugi possono così richiedere l'assistenza di un solo difensore e ottenere, alla prima udienza, la pronuncia di divorzio.

Affidamento dei figli nel divorzio

L'affidamento dei figli in caso di divorzio, così come per il caso della separazione, è oggi disciplinato dalle norme introdotte con la legge approvata nell'anno 2006.

Il principio fondamentale è che, anche in caso di divorzio dei genitori, il figlio minore ha il diritto di mantenere un rapporto equilibrato e continuativo con ciascuno di essi, di ricevere cura, educazione e istruzione da entrambi e di conservare rapporti significativi con gli ascendenti e con i parenti di ciascun ramo genitoriale.

Pertanto, in sede di divorzio e salvo diverso accordo tra i coniugi, il giudice deve valutare prioritariamente la possibilità che i figli minori restino affidati a entrambi i genitori (affidamento condiviso) oppure stabilisce a quale di essi i figli sono affidati (affidamento esclusivo), sempre e comunque considerando l'esclusivo interesse della prole.

Il giudice determina, inoltre, i tempi e le modalità della presenza dei figli presso ciascun genitore, fissando altresì la misura e il modo con cui ciascuno di essi deve contribuire al mantenimento, alla cura, all'istruzione e all'educazione della prole (si veda in seguito). Il coniuge affidatario, in via esclusiva, avrà la potestà sui figli oltre all'amministrazione e l'usufrutto legale sui loro beni.

Il genitore divorziato non affidatario conserverà l'obbligo (ma anche il diritto) di mantenere, istruire ed educare i figli. Il genitore non affidatario è tenuto a versare un assegno di mantenimento per la prole.

L'assegno viene versato mensilmente e devono essere corrisposte anche le somme relative alle spese considerate straordinarie (ad es.: quelle scolastiche, ricreative, mediche, sportive o per le vacanze). L'importo deve essere rivalutato annualmente secondo gli indici ISTAT. Il giudice può anche stabilire un assegno a favore dei figli maggiorenni, da versare a loro direttamente, quando non abbiano adeguati redditi propri.

L'art. 155 - quater del Codice Civile stabilisce che l'interesse dei figli è anche determinante per stabilire a quale dei coniugi sarà assegnato il godimento della casa familiare.

Va chiarito che l'assegno divorzile ha una natura diversa da quello che può essere stabilito in sede di separazione, in quanto trova causa nello scioglimento del vincolo matrimoniale.

L'assegno divorzile è stato introdotto con la legge 898 del 1970; l'articolo 5, di fatti, prevede che: «Con la sentenza che pronuncia lo scioglimento o la cessazione degli effetti civili del matrimonio, il Tribunale, tenuto conto delle condizioni dei coniugi, delle ragioni della decisione, del contributo personale ed economico dato da ciascuno alla conduzione familiare e alla formazione del patrimonio di ciascuno o di quello comune, del reddito di entrambi e valutati tutti i suddetti elementi anche in rapporto alla durata del matrimonio, dispone l'obbligo, per un coniuge, di somministrare periodicamente a favore dell'altro un assegno, quando quest'ultimo non ha mezzi adeguati o comunque non può procurarseli».

Innanzitutto, occorre chiarire che l'importo dell'assegno di divorzio è, per ragioni oggettive, determinato in base a criteri autonomi e distinti rispetto a quelli rilevanti per il trattamento economico del coniuge separato. Quindi, ai fini della quantificazione di detto assegno, risulta essere del tutto irrilevante la misura dell'assegno di mantenimento determinata in sede di separazione, essendone diversi i presupposti.

A tale proposito, la Suprema Corte ha puntualizzato che la determinazione dell'assegno divorzile è basata non sui precedenti obblighi di mantenimento della convivenza coniugale successivamente all'assegno stabilito nella fase di separazione che può essere utile solo come parametro, ma è una conseguenza diretta della pronuncia di divorzio.

Anche per detto assegno, la finalità perseguita dal legislatore è stata marcatamente assistenziale e, cioè, far si che le condizioni economiche del coniuge più debole non risultino deteriorate per il solo effetto del divorzio, tutelando l'ex coniuge che si trovi in una debolezza economica, tale da non potersi permettere un tenore di vita autonomo e dignitoso.

Quindi, la prima valutazione che il giudice è chiamato a fare, riguarda la sussistenza o meno dell'obbligo di corresponsione e ruota attorno all'inadeguatezza dei mezzi, da intendersi come insufficienza dei medesimi, comprensivi di redditi, cespiti patrimoniali e altre utilità di cui si dispone il coniuge richiedente e all'impossibilità di procurarseli per ragioni oggettive.

Laddove tale valutazione dia esito positivo, il giudice deve procedere a determinare l'importo dell'assegno, prendendo a riferimento i criteri indicati dal legislatore e cioè le condizioni patrimoniali dei coniugi, il contributo personale ed economico dato da ciascuno alle esigenze economiche della famiglia e alla formazione del patrimonio, rapportando tutti i superiori elementi anche alla durata del matrimonio.

L'ipotesi classica che si verifica con una certa costanza, riguarda il caso in cui i coniugi, con un accordo *ad hoc*, decidano di regolare il regime giuridico-economico del futuro ed eventuale divorzio. In passato, l'orientamento della Cassazione era quello di ritenere nullo ogni accordo in materia. Recentemente, invece, si è sostenuto che gli accordi preventivi possano condizionare il comportamento delle parti nel processo con la facoltà dei coniugi di poter raggiungere una vera e propria transazione sullo status matrimoniale, cioè in una sfera in cui la libertà di scelta e il diritto di difesa esigono di essere garantiti.

L'obbligo di versamento dell'assegno cessa quando l'ex coniuge passa a nuove nozze. La ragione di tale disposizione è evidente: la funzione assistenziale dell'assegno di divorzio viene meno ogni qualvolta in cui il coniuge beneficiario contragga un nuovo matrimonio, proprio perché in questa ipotesi i medesimi doveri di solidarietà morale ed economica slittano in capo al nuovo coniuge.

Un problema particolarmente interessante e attuale è quello relativo all'applicabilità, in via analogica, di quanto disposto da tale comma in caso di convivenza di fatto. Le corti di legittimità hanno ormai consolidato l'orientamento secondo cui, se una convivenza avente carattere di stabilità e durevolezza non vale a escludere di per sé l'obbligo di versamento dell'assegno, vale almeno a incidere sulla determinazione dell'importo di tale assegno.

Quindi, di fatto, la semplice convivenza non basta a escludere l'obbligo di corrispondere l'assegno di divorzio: tuttavia, se da tale convivenza ne deriva per l'ex coniuge beneficiante un miglioramento sostanziale, che si risolve in una fonte effettiva e non aleatoria di reddito, si può allora procedere alla revisione dell'importo dell'assegno, e, in casi estremi, quando cioè, proprio a seguito di tale convivenza la condizione economica dell'ex coniuge ha raggiunto livelli di autonomia e dignità, si può arrivare alla revoca dell'obbligo di corresponsione dell'assegno.

Nell'articolo 5 della Legge 898/70 è stabilito che: «Su accordo delle parti la corresponsione può avvenire in unica soluzione ove questa sia ritenuta equa dal Tribunale. In tal caso non può essere proposta alcuna successiva domanda di contenuto economico».

Il legislatore ha ritenuto necessario un controllo giudiziale sull'entità dell'assegno di divorzio in una unica soluzione, una sorta di omologazione da parte del tribunale. Non è più, quindi, sufficiente il solo accordo delle parti: una volta raggiunta l'accordo, gli ex coniugi devono necessariamente sottoporre lo stesso al vaglio del tribunale.

Laddove però il giudice, anche sulla base di una valutazione equitativa, dia il proprio assenso, il coniuge beneficiario non potrà vantare ulteriormente alcun diritto patrimoniale verso l'ex coniuge. I coniugi devono presentare all'udienza di comparizione avanti al presidente del tribunale la dichiarazione personale dei redditi e ogni documentazione relativa ai loro redditi e al loro patrimonio personale e comune. In caso di contestazioni, il tribunale dispone indagini sull'effettivo tenore di vita, valendosi anche della polizia tributaria.

Quindi, sono le parti, in rispetto del principio di leale collaborazione, a dover fornire al tribunale gli elementi reddituali necessari per poter determinare correttamente il *quantum* dell'assegno divorzile.

La prova del reddito può essere data, oltre che con la documentazione prevista dalla norma stessa, con qualsiasi mezzo, compresa la presunzione. La dichiarazione dei redditi, quindi, costituisce solo uno degli strumenti attraverso i quali il giudice può determinare il proprio convincimento disponendo di poteri istruttori d'ufficio, previsti per soddisfare al meglio le esigenze di tutela del coniuge più debole. Naturalmente tali poteri rimangono comunque subordinati alla necessaria contestazione mossa dal coniuge circa la sufficienza e la veridicità, ai fini della decisione, della documentazione presentata dall'altro coniuge. Ne consegue che l'acquiescenza della parte interessata, che non contesti le risultanze e la completezza di detta documentazione, preclude alla medesima di dedurre, in sede di impugnazione ,il mancato uso di tali poteri da parte del tribunale.

Per completare adeguatamente la materia è opportuno trattare anche dei diritti patrimoniali e di successione tra i coniugi divorziati. Per comprendere meglio i rapporti tra i coniugi e le rispettive famiglie d'origine, è opportuno chiarire i concetti di parentela e di affinità dettati dal codice civile.

Parentela: è il rapporto giuridico che intercorre fra persone che discendono da uno stesso stipite e quindi legate da un vincolo di consanguineità. Sono parenti in *linea retta* le persone che discendono l'una dall'altra (genitore-figlio), sono parenti in *linea collaterale* coloro che, pur avendo uno stipite comune (ad esempio il padre o il nonno), non discendono l'una dall'altra (fratelli o cugini). Nella *linea retta* il grado di parentela si calcola contando le persone sino allo stipite comune, senza calcolare il capostipite.

Nella *linea collaterale* i gradi si computano dalle generazioni, salendo da uno dei parenti sino allo stipite comune (da escludere) e da questo discendendo all'altro parente.

Quindi, a titolo esemplificativo, sono:

Parenti di primo grado:

- Figli e genitori - *linea retta*;

Parenti di secondo grado:

- Fratelli e sorelle - *linea collaterale*: sorella, padre (che non si conta), sorella;

- Nipoti e nonni - *linea retta*: nipote, padre, nonno (che non si conta).

Parenti di terzo grado:

- Nipote e zio - *linea collaterale*: nipote, padre, nonno (che non si conta, zio);

- Bisnipote e bisnonno - *linea retta*: bisnipote, padre, nonno, bisnonno (che non si conta).

Parenti di quarto grado:

- Cugini - *linea collaterale*: cugino, zio, nonno (che non si conta), zio, cugino.

La legge, salvo che per alcuni effetti determinati, non riconosce il vincolo di parentela oltre il sesto grado. L'affinità è il vincolo fra un coniuge e i parenti dell'altro coniuge (gli affini di ciascun coniuge non sono affini fra di loro). Il grado di affinità è lo stesso che lega il parente di uno dei coniugi e quindi (a titolo esemplificativo) sono:

Affini di primo grado:

- Suocero e genero (in quanto la moglie è parente di primo grado con il proprio padre) e suocero e nuora;

Affini di secondo grado:

- marito e fratello della moglie (in quanto la moglie è parente di secondo grado con il proprio fratello), moglie e sorella del marito ecc.;

Affini di terzo grado:

- zio del marito rispetto alla moglie (lo zio è parente di terzo grado rispetto al marito-nipote), zia della moglie rispetto al marito ecc.;

Affini di quarto grado:

- cugino del marito rispetto alla moglie (i cugini sono, fra di loro, parenti di quarto grado).

Ricordiamo che i coniugi (legati da rapporto di coniugio) non sono né parenti, né affini. I coniugi divorziati non hanno ovviamente alcun diritto di successione nei confronti degli ex affini e solo il coniuge divorziato, che si trovi in stato di bisogno e non si sia risposato mantiene il diritto a una quota della pensione di riversibilità e del TFR in rapporto alla durata del matrimonio.

Ritengo opportuno citare alcune delle domande più frequenti fatte dai separandi e da coloro che intendono richiedere il divorzio, citando le risposte generalmente condivise dagli esperti della materia.

Quali sono i criteri per l'affidamento dei figli?
Il criterio principale è l'affidamento condiviso con la collocazione però presso uno solo di loro, a cui viene affidata la casa coniugale, con ogni più ampia facoltà nel diritto di visita e di frequentazione per l'altro coniuge non convivente. Solo marginalmente i figli vengono affidati ad un solo genitore. Nella successiva fase del divorzio, in linea di massima, vengono confermati gli stessi provvedimenti della separazione.

Quale obbligo grava sul genitore affidatario che cambia

indirizzo?

Deve comunicarlo all'altro coniuge entro trenta giorni.

In base a quali criteri viene scelto il genitore con cui convivono i figli nell'affidamento condiviso?

Il giudice tiene conto delle condizioni economiche di ciascun coniuge e delle cause della separazione, privilegiando il coniuge più debole, nonché dei rapporti con i figli. Per garantire una certa stabilità al nuovo nucleo familiare il provvedimento di assegnazione della casa coniugale va trascritto per l'opponibilità ai terzi. Se la casa è condotta in locazione, il coniuge assegnatario subentra nel contratto dandone avviso al Locatore.

Quali sono gli effetti del divorzio per i coniugi?

Tutti e due acquistano lo stato libero e possono contrarre un nuovo matrimonio civile; la moglie perde il diritto all'uso del cognome del marito, a meno che sia autorizzata dal Tribunale per motivi particolari. Entrambi i coniugi perdono ogni diritto di successione, mantenendo solo il diritto all'assegno a carico dell'eredità solo se si trovano in stato di bisogno e godevano già dell'assegno divorzile.

Come sono regolati i rapporti economici tra i coniugi separati e poi divorziati?

Il Tribunale assegna al coniuge separato non colpevole un assegno di mantenimento quando non abbia un proprio reddito per motivi oggettivi, tenendo conto del tenore di vita antecedente alla separazione e delle condizioni economiche dell'altro coniuge, del contributo dato alla formazione del patrimonio comune e personale. L'assegno è soggetto a modifica in base alle variazioni delle condizioni patrimoniali nel tempo e all'aggiornamento secondo gli indici ISTAT. Il coniuge divorziato continua a percepire l'assegno sino a quando non contrae un nuovo matrimonio.

È possibile ottenere una liquidazione globale dell'assegno divorzile in unica soluzione?

Si, però è necessario l'accordo di entrambi i coniugi e l'approvazione del Tribunale. In questa ipotesi il coniuge non potrà più avanzare per sé nessuna richiesta di contenuto economico.

Quali garanzie può ottenere il coniuge per l'assegno di

mantenimento?

Può richiedere l'iscrizione dell'ipoteca giudiziale sui beni del coniuge obbligato, oppure notificare la sentenza al datore di lavoro per ottenere il versamento diretto di quanto dovuto. In caso di inadempimento può richiedere il pignoramento mobiliare oppure presso il terzo obbligato nella misura non superiore alla metà dello stipendio, nonché il sequestro conservativo.

Può essere denunziato penalmente il coniuge che non versa l'assegno di mantenimento ovvero quello divorzile?

Si perché è un obbligo sanzionato penalmente, presentando querela oppure denuncia se ci sono figli minori direttamente alla polizia giudiziaria.

Al coniuge divorziato spetta una quota del TFR e la pensione di reversibilità?

Sì, il coniuge divorziato, che non ha contratto un nuovo matrimonio, ha diritto a percepire una quota non superiore al 40% del TFR riferibile agli anni in cui il rapporto di lavoro ha coinciso con il matrimonio, nonché una quota della pensione di riversibilità in concorso con il coniuge superstite.

Come comportarsi nella formazione di una nuova famiglia?

Solo dopo la pronuncia del divorzio è possibile formarsi una nuova famiglia basata sul matrimonio dei coniugi, riconosciuto dal nostro ordinamento, oppure scegliere la convivenza di fatto, attualmente non tutelata in modo soddisfacente.

Infatti, il coniuge passato a nuove nozze può agire in giudizio per ottenere la riduzione dell'assegno divorzile dimostrando la modifica delle proprie condizioni patrimoniali dovute alla presenza del nuovo coniuge e dal concepimento di un altro figlio.

La Cassazione ha sottolineato che il carattere precario del rapporto di convivenza di fatto, consente di incidere unicamente solo in minima parte sull'assegno divorzile, che ha lo scopo di garantire quelle condizioni minime di autonomia all'avente diritto, finché non contragga un nuovo matrimonio, tutelando maggiormente l'ex coniuge.

SEGRETO n. 18: con il nuovo matrimonio ovvero la formazione di una nuova famiglia anche di fatto, è possibile ottenere una modifica dei provvedimenti contenuti nella

sentenza di divorzio, per non affrontare notevoli sacrifici e privazioni.

Certo, il problema meriterebbe probabilmente l'attenzione di un legislatore attento e sensibile. I fatti dimostrano che da molti anni il legislatore italiano ha altre caratteristiche e non rimane che sperare che il lavoro sul campo degli operatori possa, come successo in altri settori, portare i suoi frutti.

Quindi, attualmente, solo con un matrimonio civile il coniuge divorziato può concretamente ottenere quelle modifiche dell'assegno che possono consentirgli di rifarsi una nuova vita.

Come già accennato, la legge istitutiva del divorzio riconosce al coniuge divorziato il diritto alla pensione di reversibilità, in caso di decesso del primo coniuge, in concorso con quello superstite (cioè con cui è stato contratto il secondo matrimonio). Anzi, l'articolo 9 della suddetta legge 898/70 di fatto riconosce l'attribuzione della quota maggiore, tenendo conto del requisito temporale, con l'applicazione di alcuni correttivi elaborati dalla Giurisprudenza, tra cui il reddito, l'assistenza effettiva.

Nonostante qualche sporadica pronuncia, alla fine è sempre il primo coniuge a ottenere una quota maggiore di pensione. Se ad esempio il primo matrimonio è durato venti anni e il secondo solo dieci anni, anche se più faticosi per l'eventuale malattia del coniuge, a causa del decesso prematuro.

SEGRETO n. 19: il coniuge superstite per tutelarsi nella ripartizione della pensione di reversibilità con il primo coniuge divorziato, deve stipulare una o più polizze assicurative, accantonando una parte del reddito familiare, che poi sarà cumulato con la pensione erogata dagli organismi previdenziali pubblici.

In questo modo il coniuge superstite non si troverà in difficoltà economica quando subirà la trattenuta della quota in favore del primo coniuge divorziato, non passato a nuove nozze. Per non essere di parte, è però opportuno mettere in guardia il coniuge divorziato più debole sotto il profilo economico dai trucchi o meglio da quelle pratiche, poco ortodosse spesso suggerite da legali poco seri e professionalmente scorretti, per raggirare le norme che lo tutelano.

Mi riferisco alle intestazioni fittizie dell'attività lavorativa a terzi compiacenti, alle cessioni simulate di quote sociali o di beni immobili alla nuova compagna o a parenti della stessa, ai finti pignoramenti dello stipendio con la compiacenza del datore di lavoro, ovvero ai licenziamenti simulati. In tutti questi casi bisogna denunciare i fatti tempestivamente alla polizia tributaria e nelle more richiedere senza indugio il sequestro conservativo per evitare la sottrazione di beni.

RIEPILOGO DEL CAPITOLO 5:

- SEGRETO n. 16: I coniugi separati, se non riescono a riconciliarsi, devono richiedere lo scioglimento del matrimonio, ossia il divorzio, per non subire effetti dannosi dalla separazione, che potrebbe avvantaggiare uno dei due coniugi separati ai danni della nuova famiglia di fatto.

- SEGRETO n. 17: Nel nostro ordinamento giuridico è previsto, oltre al divorzio giudiziale, anche il cosiddetto "divorzio consensuale". I coniugi possono così richiedere l'assistenza di un solo difensore e ottenere, alla prima udienza, la pronuncia di divorzio.

- SEGRETO n.18: Con il nuovo matrimonio ovvero la formazione di una nuova famiglia anche di fatto, è possibile ottenere una modifica dei provvedimenti contenuti nella sentenza di divorzio, per non affrontare notevoli sacrifici e privazioni.

- SEGRETO n. 19: Il coniuge superstite, per tutelarsi nella ripartizione della pensione di reversibilità con il primo coniuge divorziato, deve stipulare una o più polizze assicurative, accantonando una parte del reddito familiare, che poi sarà cumulato con la pensione erogata dagli organismi previdenziali pubblici.

Conclusione

La separazione, fatta eccezione per le ipotesi di infedeltà coniugale, generalmente è caratterizzata da un periodo di crisi, che giorno dopo giorno si aggrava e bisogna subito coglierne i segnali per non subirla passivamente. Sin dall'inizio è necessario affrontare il problema evitando l'aiuto di amici praticoni e improvvisati psicologi che, cercando di salvare il matrimonio, involontariamente lo distruggono per la loro incompetenza.

Infatti, bisogna rivolgersi nella prima fase al consultorio più vicino, ovvero a un bravo psicologo esperto nei problemi di coppia, il quale ascolta i coniugi e cerca di mettere a nudo i conflitti latenti e visibili, per ricomporre la frattura; fallito questo tentativo, quando la crisi coniugale non si può più ricomporre, i coniugi devono rivolgersi al loro legale di fiducia per raggiungere la bozza dell'accordo, che costituirà la parte integrante della separazione consensuale, regolando i rapporti patrimoniali dei coniugi, ma soprattutto l'affidamento dei figli e della casa coniugale.

Non sempre è agevole concordare la separazione consensuale per l'ostinazione di almeno uno dei coniugi che non vuole cedere su nulla e vuole punire il proprio compagno rendendogli la vita difficile. Non mi stancherò di ripetere che la separazione giudiziale è una procedura complessa che non va sottovalutata e anzi, va vista come l'ultima spiaggia per i rischi e le immense difficoltà a cui espone i coniugi che non sono adeguatamente preparati e assistiti.

Valutate bene la scelta di chi dovrà difendervi in giudizio, perché la separazione giudiziale e poi il divorzio, richiedono professionisti seri, molto preparati, equilibrati, tenaci e innamorati del proprio lavoro. Bisogna fidarsi del proprio difensore e non cedere alla tentazione di trasformare l'aula giudiziaria in un campo di battaglia.

L'invito alla responsabilità non significa cedere su tutto, né tantomeno subire passivamente gli artifizi del coniuge più furbo per ottenere ogni vantaggio a danno dell'altro, penalizzandolo sotto l'aspetto economico e personale.

È necessario utilizzare tutti gli strumenti che la legge mette a disposizione per smascherare le frodi e i contratti stipulati in frode alla legge, per non corrispondere il giusto mantenimento a chi dei due è privo di un lavoro adeguatamente retribuito.

Il vostro Legale saprà come consigliarvi quando mutano le condizioni patrimoniali dell'ex coniuge, adottando quei rimedi legali che vi mettono al riparo da denunzie penali ovvero da sequestri e pignoramenti. Non cedete alla tentazione di illegittime autoriduzioni di assegni di mantenimento o per gli alimenti stabiliti dal tribunale al momento della separazione o del divorzio, che vi espongono a procedure dannose.

Non usate mai i vostri figli come armi di ricatto o di vendetta: oltre ad esasperare l'altro coniuge con gravi conseguenze spesso imprevedibili, come aggressioni o violenti litigi. Si rischia di compromettere seriamente il rapporto figli-genitori, con danni irreparabili sotto l'aspetto educativo e formativo, nonché di relazione nell'ambito scolastico e dell'intera società. Non lasciare in sospeso gli effetti della separazione se non è possibile la riconciliazione, richiedendo il divorzio per lo scioglimento definitivo di ogni vincolo derivante dal matrimonio e contestualmente la divisione giudiziale di tutti i beni cointestati con l'ex coniuge, per non avere più alcun legame neanche di tipo patrimoniale.

Spero di aver trattato in modo chiaro ed esauriente le nozioni fondamentali e i consigli più utili per potersi orientare nella difficile e complicata materia delle separazioni e del divorzio. I lettori possono utilizzare la seguente casella di posta elettronica: avvocato.zisa@tiscali.it per eventuali chiarimenti. Qui di seguito, vi offro, inoltre, un elenco di alcuni siti che potete consultare per maggiori informazioni su questa materia:

- http://www.altalex.it
- http://www.overlex.com
- www.diritto.it
- www.filodiritto.it
- www.plurisonline.it
- www.giuffre.it

www.ingramcontent.com/pod-product-compliance
Lightning Source LLC
Chambersburg PA
CBHW071603200326
41519CB00021BB/6851